475

Merve Verlag

Fred Moten und Stefano Harney

Eine Poetik der Undercommons

Aus dem Englischen übertragen von
Lena Schmidt unter Mitarbeit von Sofia Lyall

Merve Verlag

Deutschsprachige Erstausgabe, nach

Fred Moten, Stefano Harney, *A Poetics of the Undercommons*,

New York 2016, Sputnik & Fizzle.

Dank an Isabel und Rita Sobral Campos, sowie Fred Moten und Stefano Harney für Vertrauen und Beistand beim Zustandekommen dieses Buches.

Dank auch an Myriam Sauer für eine vorläufige Übertragung des Textes.

Redaktorat: Tom Lamberty, Max Seeth

Printed in Germany

Druck- und Bindearbeiten: druckhaus köthen, Köthen

Umschlagentwurf: Jochen Stankowski, Dresden

ISBN 978-3-96273-031-4

www.merve.de

INHALT

UNDERCOMMONS UND UTOPIE
STEFANO HARNEY 7

EINE POETIK DER UNDERCOMMONS
FRED MOTEN 10

NIEMAND, ALLE
BETEN, VORBEREITEN, REPARIEREN
[NOBODY, EVERYBODY – PRAYER, PREPARE, REPAIR]
(MIT HAROLD MENDEZ) 63

LITERATUR 68

Undercommons und Utopie

Stefano Harney

In dem Maße, in dem Fred Moten und ich einen Bezug zwischen Schwarzsein [blackness] und den Undercommons herstellen – und: worin besteht dieser Bezug? – es geht um eine Bezugnahme, der im vorliegenden Text *Eine Poetik der Undercommons* nachgegangen wird, – stellt sich zugleich die Frage nach dem Bezug zwischen Schwarzsein und Utopie, da der Begriff Undercommons oft mit Optimismus aufgeladen und als Utopie aufgefasst wird. Utopie steht dabei für eine unvorstellbare Zukunft, einen unvorstellbaren Ort, wo wir in Frieden und Harmonie miteinander leben.

Und natürlich scheinen Schwarzsein und Utopie auf den ersten Blick unvereinbar. Schwarzsein ist entweder etwas, das man auf dem Weg zu einer umfassenden Bürgerrechtsutopie zu überwinden versucht (vielleicht unter Beibehalt eines für angemessen befundenen Beitrags namens *black culture*); oder Schwarzsein wird beschuldigt, eine aufgehübschte Dystopie zu sein, eine abgefuckte Utopie, was uns, ehrlich gesagt, auch schon vorgeworfen wurde. Wenn man aber mal von diesem ganzen ideologischen Bullshit absieht, stellt sich, glaube ich, ein viel grundlegenderes Problem, wenn man zwischen diesen beiden Begriffen eine Beziehung herstellt.

Ich denke dabei daran, wie das ästhetische und soziale Leben auf Barbados heutzutage historisiert wird. Man könnte sagen, dass die historische Produktion des Schwarzseins in Barbados irgendwie permanent in der Gegenwart stattfindet und irgendwie auch immer eine Erzählung von irgendwo anders ist, obwohl sie nur an Orten wie Barbados oder Oakland zustande kommen kann. Andauernd wird darüber debattiert, wie angolanisch du aussiehst, oder ob du den Spirit einer Mali-Priesterin in dir trägst, oder ob ein Beat wie ein kongolesischer Beat klingt. Diese Gespräche stellen eine Art wunderschöne Erzählform des Schwarz-Werdens dar, vor dem grausamen Hintergrund brutalster Ausbeutung. Sie sind trans-mythisch und spielen sich in *Nation-Time* ab. Was diese Gespräche vom Schwarz-Werden zum Schwarzsein des Werdens verschiebt – um Deleuze so zu wenden, wie er sich wenden ließe – ist die sogenannte Realität der Sklavereigeschichte auf den »Zuckerinseln«, – unmöglich, sie zu ertragen, wenn sie auch ertragen wird. Auf diesen sogenannten Zuckerinseln wurden Sklavïnnen nicht qua Reproduktion ersetzt – wie in der diabolischen Industrie, die den amerikanischen Baumwollhandel stützte – sondern durch immer noch mehr gefangengenommene, geraubte, verschleppte Afrikanerïnnen, aus immer entlegeneren Gebieten Afrikas. Anders gesagt: Seitens der Sklavenhalterïnnen, der Nutznießerïnnen, bestand keinerlei Interesse daran, dass auch nur ein einziges dieser Völker in das schöne Fabulieren des Schwarz-Werdens, des Afrikanisch-Werdens hinein überleben würde. Es ist nicht nur so, dass in Barbados niemand so richtig weiß, wer diese Massenvernichtung überlebt hat, sondern dass eine solche Massenvernichtung auf die Zerstörung des Überlebens an sich zielt. Was bedeutet, dass Schwarz-Sein von Beginn an eine historische Unmöglichkeit war und bleiben sollte. Was bedeutet, dass Schwarz-Sein lebendige Utopie ist. Wenn man nämlich mit einfachen *Bajans* spricht, wissen sie sehr wohl, wer überlebt hat, und sie leben diese Unmöglichkeit nicht nur, sondern erzählen sie auch.

Das ist natürlich problematisch. Eigentlich sollte Utopia ja der Ort sein, wo alle gerne leben würden. Aber Schwarzsein, die Undercommons, das ist der Ort, – oder mehr noch als der Ort, das Bestreben, gemeinsam ein soziales und ästhetisches Leben zu erschaffen – welcher von allen völlig verleugnet wird, außer natürlich von jedem *no-body*, jedem *no-thing*, der sich die Undercommons zu eigen macht und von ihnen angenommen wird. Mit anderen Worten: Was wäre, wenn Utopia anstatt unmöglich zu sein, – was ja eigentlich bedeutet, dass nichts utopisch wäre, da Utopia nicht existiert – Utopia in Wirklichkeit *no-thing at all* wäre?

EINE POETIK DER UNDERCOMMONS

FRED MOTEN

ABIGAIL SATINSKY: Es ist eine große Ehre für uns, Fred Moten heute Abend hier zu haben. Er eröffnet eine neue Programmreihe, bei der wir Theoretikerïnnen bitten, über Themen zu sprechen, die in der ein oder anderen Weise auf die Ausstellungen Bezug nehmen, die wir gerade zeigen.[1] Wir bitten sie jedoch nicht, unmittelbar auf die künst-

---

1 Harold Mendez, »Harold Mendez: but I sound better since you cut my throat«, www.three-walls.org, 7. März 2016. Threewalls beschrieb die Ausstellung so: »Harold Mendez' Ausstellung *but I sound better since you cut my throat* stellt eine Betrachtung zweier Grenzgänger dar, die sich anschicken, Grenzlinien, Grenzen und die Insignien der Verortung an sich zu überschreiten – und so die Verschleifungen zwischen Erinnerung, Tatsache und Fiktion freilegen. Ausgehend von seinem Buch *Texts for Nothing* aus dem Jahre 2011 verbindet Mendez in einem multi-disziplinären Ansatz Bildhauerei, Installationskunst, Fotografie, Kollektivarbeiten, Zeichnung und Text und macht sich die Fremdheit von Fiktion, Poetik, und Politik zunutze, all dies angereichert mit persönlichen Betrachtungen und Erinnerungsfragmenten. Mendez' *Texts for Nothing* nehmen auf Samuel Becketts dreizehn Kurzgeschichten ›Texts for Nothing‹ (1950-52) Bezug, einer Reihe fragmentarischer Dialoge, rhetorischer Fragestellungen und unfertiger Erzählungen, die Becketts Wende von der Moderne zur Postmoderne spiegeln. Mendez' *Texts for Nothing* stellen ein fiktives Gespräch in Form einer Tragikomödie dar. Zwei Typen, Braille Teeth (aus einem Bild von Jean-Michel Basquiat) und Nobody (aus dem Film Dead Man von Jim Jarmusch), unternehmen gemeinsam eine beschwerliche Reise durch eine abstrakt-universale, aber sehr detailreiche Landschaft, und zitieren dabei aus einer Reihe adaptierter Texte von Jean-Paul Sartre, TV on the Radio, Deadwood, Samuel Beckett, Simone de Beauvoir, Shadi

lerischen Arbeiten einzugehen, sondern sich vielmehr über die Fragestellungen Gedanken zu machen, mit denen sich die Künstlerïnnen auseinandersetzen. Fred war so großzügig, einen Essay über Harolds Arbeit für unsere Publikation zu schreiben, die Sie kostenfrei am Eingang mitnehmen können. Das ist noch etwas, was wir von nun an bei allen unseren Einzelausstellungen machen werden: Wir beauftragen eine Autorïn, etwas zur Arbeit der Künstlerïn zu schreiben. Harolds Ausstellung wird bis zum 12. April geöffnet sein.

Ich möchte Fred vorstellen, indem ich eines seiner Gedichte vortrage, da der Titel der Ausstellung, *but I sound better since you cut my throat*, ein Zitat aus einem seiner Gedichte. Ich werde es nun vorlesen und dann das Wort an ihn weitergeben. Das Gedicht heißt »Rock the Party, Fuck the Smackdown«:

Abdel Salam, Ralph Ellison, Burnt Sugar the Arkestra Chamber und andere Quellen.«

ROCK THE PARTY, FUCK THE SMACKDOWN

under Bill Brown's blue chicago there's
unrest in response to continued scolding.

thing object. matter ain't the same
as one another. things don't represent
they must be broke. they cannot pay attention
to objects like objects so they stay mad
all the goddamn time, broken glasses
everywhere. but I sound better since you
cut my throat. the checkerboard is also a
chess board. it's also a cutting board and a

sound board. it's also a winding sheet and a
sound booth.

now you're bored with all these healthy choices
and you don't want to sound as clean as this.
shit smoothed out on me by accident too.
how did I get here? I lost my ideological
mama and her things. her thing's in storage
in north las vegas but no matter, ain't no thing.

'cause when the morning breaks I'ma get my sound back
and all my native weather will be mine.[2]

---

[2] Fred Moten (2008).

FRED MOTEN: Vielen Dank. Danke, Abby. Es ist mir ein Vergnügen, hier zu sein. Ich habe mich sehr darüber gefreut, als mich Harold Mendez gefragt hat, ob ich etwas zu seiner Arbeit schreiben wolle. In den letzten Jahren habe ich mich auf vielerlei Weise mit seinem Werk und mit einigen der Personen, mit denen er zusammenarbeitet und/ oder assoziiert ist, befasst.[3] Besonders seine Performance *Texts for Nothing* von 2011 war für meinen eigenen intellektuellen Werdegang ein entscheidendes Ereignis, welches mich zwang, mich mit einigen Dingen zu konfrontieren, bzw. sie durchzuarbeiten, mit denen ich mich normalerweise nicht auseinandergesetzt hätte. Ich habe mich nun schon seit einiger Zeit sowohl mit der Schönheit seiner Arbeiten, als auch mit der intellektuellen Wucht und Stringenz seines Schreibens beschäftigt.

Heute möchte ich einen kurzen Abriss der Fragestellungen geben, an denen ich mich in den vergangenen zwei, drei Jahren abgearbeitet habe. Sie gehören alle zu dem Spektrum des langfristig angelegten Projektes,[4] an dem ich mit meinem Freund Stefano Harney arbeite, den ich kenne, seit wir zusammen aufs College gegangen sind. Einer der Umwege, die ich dabei einschlagen möchte, basiert auf den Erfahrungen, die ich in den letzten Monaten während meiner Lehrtätigkeit an der *University of California, Riverside* gemacht habe. Ein Teil der groben Übersicht

---

3 Ich denke hier insbesondere an Taisha Paggett, Steffani Jemison und Jamal Cyrus.

4 Stefano Harney und Fred Moten (2016).

des Zeitverlaufs, den ich nachzeichnen möchte, beginnt mit einem exegetischen Kommentar zu dem Gedicht, das Abby gerade vorgelesen hat, und besonders mit dem Nachdenken über Dinge [things] – warum ich mich mit Dingen beschäftigt habe – und ob ich einen Weg von der Beschäftigung mit Dingen zur Beschäftigung mit nichts [nothing], oder dem Nichts [nothingness] finden kann; und um darüber hinaus herauszufinden, was Nichts und Dinglichkeit [thingliness] mit dem zu tun haben, was Stefano und ich die Undercommons genannt haben; und dann darüber nachzudenken, in welcher Weise sich das Nichts, d. h. Nicht-Dinghaftes [no-thingness] als eine Form der Praxis manifestiert, eine Praxis, die Denise Ferreira da Silva möglicherweise als Differenz ohne Separabilität beschreiben würde, eine Praxis, die notwendig eine soziale und ästhetische ist, die man anfangen könnte, als eine Art von Poetik zu denken. – Kann ich das Gedicht mal haben? [Fred Moten fragt Abby nach dem Gedicht, das sie gelesen hat.]

Es ist schon komisch, wie sehr bestimmte Städte, selbst wenn man nicht in ihnen lebt, zu einem Teil des eigenen intellektuellen Werdegangs werden. Aus verschiedenen – guten und weniger guten – Gründen zählt Chicago für mich dazu. Ein Teil meiner Familie kam mit dem späten Fluchttreck in den 1930er und 1940er Jahren aus Arkansas nach Norden, nach Chicago. Diese Menschen, diese Bewegung oder Fluchtwelle, brachten eine unglaubliche Musik mit, aus der die verschiedensten Stilrichtungen hervorgingen: Electric Blues, die AACM (*Association for the Advancement of Creative Musicians*), das volle Programm, alles was Chicago nach dem 2. Weltkrieg an Musikszenen zu bieten hatte, mit dem Sie alle sicher viel besser vertraut sind als ich – das ist die gute Nachricht. Die schlechte besteht darin, inwiefern du dich einem bestimmten intellektuellen Feld, einem Denkraum verbunden fühlst, der darauf gründet, dass er dich ausgrenzt; und obwohl er auf deiner Ausschließung basiert, stehst du in einem Verhältnis zu ihm. Die Leute, die in Chicago leben, vor allem die im Süden der Stadt, wissen wovon ich spreche. Doch man muss nicht im Süden von Chicago leben, um die besonderen Modalitäten der einschließenden Ausschließung aus diesem Raum zu verstehen. Ich denke dabei an den Einfluss des Siedlerkolonialismus an der *University of Chicago* und dessen – sowohl intellektuelle als auch juristische – Reglementierung eines komplett anderen Migrationsmodus'. Dabei handelt es sich offensichtlich um eine soziologische Angelegenheit, und daher denke ich insbesondere an Robert Park, der eine entscheidende Rolle bei der Entstehung und Weiterentwicklung der amerikanischen Soziologie spielte. Eine seiner Hauptinteressen galt dem Sozialleben der Schwarzen, welches für ihn eine Art pathologische Vitalität darstellte. Die unmittelbare Umgebung der *University of Chicago* war sein Forschungslabor. Die schwarzen Menschen, die dort lebten, wurden zu Studienobjekten gemacht und in dieser Hinsicht von der Universität als etwas vereinnahmt, das wir als vorgefundene (anti-)soziologische Objekte bezeichnen könnten. Doch ihre Vereinnahmung durch die Universität sprach und spricht nicht gegen ihre Ausschließung aus ihr, oder aus dem, was die Universität bedeuten sollte und was sie darstellte. Das ist die Form, welche die Integration annimmt, wobei Integration hier als Finte der Segregation, als ihre List verstanden werden muss, wenn man Segregation selbst genau als die Modalität begreift, deren Alternative einer genozidalen Regulierung und Reproduktion unterworfen wird. Stefano und ich haben versucht, das Sozialleben auf eine andere Weise zu denken (nicht so sehr über es, sondern mit ihm), d. h. das schwarze Sozialleben, d. h. also das Sozialleben der Alternativen.

Bill Brown ist Englischprofessor an der *University of Chicago*,[5] der für seine Mitarbeit an bzw. seine Beiträge zu dem, was er »Dingtheorie« nennt, bekannt ist. Zu diesem Thema sind viele Leute unterwegs.[6] Erst vor Kurzem schlossen sich diesem Kreis Anhängerïnnen der »objektorientierten Ontologie« an[7]. Diese befassen sich damit, ob Objekte (mal eher in Verbindung, mal in rigoroserer Abgrenzung zu »Dingen«) eine Art Inhalt besitzen, möglicherweise sogar eine Art von Belebtheit, die von Philosophien, deren Ausgangspunkt der Mensch, das Subjekt, ist, für gewöhnlich verworfen werden. Objekt-orientierte Ontologie

5 Bill Brown (2001) und (2016).

6 Bill Brown (2004); David Miller (2005); Bruno Latour (2014); Miguel Tamen (2004).

7 Quentin Meillasoux (2018); Timothy Morton (2012); Graham Harman (2002).

rührt zum Teil aus Heideggers Philosophie her; aus seiner Beschäftigung mit und seinen Untersuchungen zur Natur der Dinge.[8] Er interessierte sich beispielsweise für den Krug als partikuläres und spezielles Ding, das die Fähigkeit besitzt, zu beinhalten. Er befasste sich damit, was ein (menschengemachtes) Ding beinhalten möge und was uns dieser Inhalt über menschliches Leben aussagen könne, insofern das menschliche Leben der Kanal ist, durch den sich ein Verständnis von Sein erlangen lässt, oder das Seiende, dem ein solches Verständnis gegeben ist. Dinglichkeit und Sein sind also in Heideggers Werk eng miteinander verbunden. Die neuen Beiträge zur Dingtheorie gehen von diesem Verständnis aus und über es hinaus.

Das Ganze hat noch eine weitere, Marx'sche, Seite. Marx' Verhältnis zum Ding, das er primär unter der Rubrik der Ware begreift, ist ein anderes. Marx möchte die Vorstellung von einem Inhalt von Waren entmystifizieren, deren Innerlichkeit, wenn man so will, als Wert an sich begriffen wird – ein Eigenwert, der an sich und aus sich heraus besteht, statt einer, der auf sie projiziert wird.[9] In meinem Buch *In the Break* geht es mir darum, das zu verhandeln.[10] Ich versuche darin, Marx' Bemühungen Rechnung zu tragen, uns zum Bruch mit dem Glauben zu bewegen, dass Dinge oder Objekte einen Wert haben, der über

---

8 Siehe dazu das Kapitel zur »Weltlichkeit der Welt« bei Martin Heidegger (2006), S. 63-113 sowie Martin Heidegger (2000), S. 165-188.

9 Karl Marx (1987), S. 112-113.

10 Fred Moten (2003), S. 8-14.

den von Menschen auf sie projizierten Wert hinausgeht. Bei dieser Formulierung und bei verschiedenen Beiträgen Heideggers zur Dingtheorie ist ihre Tendenz problematisch, die Erfahrung und das Denken, die Theoretisierung, zu übersehen, welche jene Menschen bewahren und in sich bergen, weitergeben und verbreiten, die ihrerseits als Dinge und Waren begriffen wurden.

Die Marx'sche Idee strebt die Entmystifizierung der internen Werte von Dingen an, kann jedoch den »Fakt« nicht berücksichtigen – und was jetzt kommt, ist eine heikle und potenziell irreführende Formulierung, die ich klären möchte, um mich dann von ihr zu lösen – dass es Menschen gegeben hat, die zu Dingen herabgesetzt wurden, wie Harriet Beecher Stowe es in ihrem gleichermaßen erhellenden wie undurchsichtigen Kommentar zur Amerikanischen Sklaverei bezeichnet. Die Marx'sche Tendenz, die Innerlichkeit des Dings zu entmystifizieren, wird dort problematisch, wo Menschen als Dinge gedacht werden. Man würde vielleicht die Innerlichkeit dieses Buchs entmystifizieren wollen, dieses Notizbuchs. Sich jedoch dafür zu rechtfertigen, die Innerlichkeit eines Menschen zu entmystifizieren, ist weitaus komplizierter. Andererseits ist diese Tendenz, das Ding zu mystifizieren – sich vorzustellen, dass dieses Ding die Fähigkeit von etwas oder zu etwas hat – problematisch, wegen Heideggers Art und Weise, das Denken über das Ding, als um seine fundamentale Leere herum strukturiert, zu entwerfen. Mit anderen Worten: Das Ding ist wichtig, insofern es Inhalte tragen kann, aber der Grund dafür, dass es Inhalte tragen kann, ist seine Eigenschaft, leer, befüllbar, manipulierbar und externen Einflüssen ausgesetzt zu sein.

Ich versuche, anders über Dinge nachzudenken. Doch das ist schwierig, weil der Diskurs zur Sklaverei, der die juristische und ökonomische Identität von Menschen und Dingen in der Afro-Amerikanischen Geschichte anerkennt, von einem zugleich gerechten als auch selbst-gerechten Moralismus bestimmt wird, der, sobald Menschen als Dinge verstanden oder auf Dinge reduziert werden (wobei der Moralismus in das Wort »reduziert« eingebettet ist), angepisst reagieren will und muss. Es gibt eine Tendenz, die Identifizierung der Dinglichkeit mit dem Menschsein zu verleugnen, abzuweisen und abzulehnen. Man erkennt die historische Brutalität an, die jenes begleitet und durchzieht, was man als Reduktion der Person auf ein Ding auffasst, und antwortet darauf mit den Worten: »Aber wir sind nicht Dinge.« Hier liegt das Problem: Schmerzhafterweise, kontra-intuitiverweise geht in dieser absolut berechtigten und fast unvermeidlichen Antwort irgendetwas (anderes) verloren. Denn der Versuch, Menschsein von der Dinglichkeit zu distanzieren, ist die philosophische Bedingung der Möglichkeit für jene Brutalität, die wir unpräzise als Reduktion des Menschseins zum Ding charakterisieren.

Das Aufkommen einer spezifischen Art des Humanismus, einer besonderen Auffassung vom Menschen als den Dingen entgegengesetzt, welche die menschliche Dominanz über die Dinge der Erde bedingt – genau diese

Tendenz, Mensch und Ding zu unterscheiden, als fester Bestandteil der Errungenschaft, des Wunsches, würde ich behaupten, seitens aller Theoretiker'innen der »black radical tradition«, wie Cedric Robinson es nennt, zur menschlichen Würde zu gelangen – entpuppt sich als Replik ebenjener Distanzierung von Mensch und Ding, welche es überhaupt erst ermöglicht, rassifizierte Versklavung zu rechtfertigen. Es ist eine grauenhafte Art *double bind*. Du denkst sagen zu müssen: »Nein, ich bin kein Ding.« Es ist eine grauenvolle Erfahrung, zu merken, dass man ein Objekt unter anderen Objekten ist, ein Ding unter anderen Dingen, in Bezug auf diejenigen, die über genau diese Unterscheidung zwischen Menschlichkeit und Dinglichkeit bestimmen dürfen; allerdings ist das Manöver, das dir abverlangt, deine Menschlichkeit einzufordern, ebenso grauenvoll, eben weil es dieses Desaster möglicherweise noch wiederholt und verfestigt.

Einen Teil dieses Gedichts [»Rock the Party, Fuck the Smackdown«] und auch meiner bisherigen kritischen Arbeit macht deshalb der Versuch aus, mich mit dem Zusammenhang zwischen Menschlichkeit und Dinglichkeit auseinanderzusetzen und ihn mir – provisorisch – anzueignen, statt ihn zu verleugnen. Auf einer theoretischen Ebene bedeutete dies notwendigerweise, die Dingtheorie hin zu einer direkteren Konfrontation mit der gewaltsamen Geschichte des Wechselspiels zwischen Mensch und Ding zu verschieben, die uns immer noch umgibt. Es ist eine komplizierte Arbeit; du musst dabei nämlich gleichzeitig Dinglichkeit für dich einfordern, während du noch in den Prozess eingebunden bist, deine Zuordnung zur Dinglichkeit zu bekämpfen. Während ich das versuchte, kam ich irgendwann an den Punkt, mich mit der Beziehung zwischen Schwarzsein und Dinglichkeit wohl zu fühlen, vielleicht sogar zu wohl. Ich dachte, ich könnte darauf schon einige Argumente aufsetzen, ohne dass die Leute das sofort als eine Art reaktionäre Kapitulation auslegen und kurzerhand abweisen würden.

Im Laufe der Zeit passierte noch etwas anderes. Ich wusste, es gab ein Buch, das ich lesen musste. Kennen Sie das? Man hat ein Buch, von dem man weiß, man muss es lesen aber man will es nicht lesen? Man denkt man will es nicht lesen, weil man weiß, dass es schmerzhaft sein wird, aber der eigentliche Grund, dass man es nicht lesen will, ist, dass man weiß, wie sehr es einen fertig machen wird. Das Buch, das ich meine, von Frank B. Wilderson, III, heißt *Incognegro*. Wilderson lehrt an der *UC Irvine*. Er hat zwei Bücher geschrieben, die ich beide empfehle, allerdings so wie man früher Bücher empfohlen hat ...[11] Sorry, jetzt schweife ich ab. Da war so ein Typ ... das Problem ist, ich kann nicht mehr vor einer Gruppe Menschen stehen und einen Vortrag ablesen – das erscheint mir falsch, schlecht und perfide. Wenn ich einfach improvisiere, dann bin ich viel mehr... also dann fange ich an, über diesen Kram nachzudenken und schließlich fange ich an

---

[11] Frank B. Wilderson III (2008) und (2010).

zu fluchen, vor allem unter Einfluss von Wein. Ich bin früher öfters im Sommer nach Arkansas gefahren und irgendwann habe ich dort zwei Jahre lang bei meiner Großmutter gewohnt. An den Wochenenden und zwischen meinen letzten beiden High-School-Jahren habe ich zusammen mit meinem Cousin, Rev. L.T. Marks, gearbeitet. Er hat mit diesem Typen gearbeitet und hat sich um ihn gekümmert – der sozusagen ein lokaler... Kennen Sie die russische Ikonographie des heiligen Narren? Sein Name war Dennis Robinson. Sein Vater war ein legendärer Trinker in jener Kleinstadt in Arkansas (namens Kingsland) gewesen, in der ich damals lebte und in der sowohl meine Mutter, als auch meine Großmutter aufgewachsen waren. Sein Name war Little Buddy Robinson. Ich habe Little Buddy Robinson nie kennengelernt. Ich glaube, er starb in den 1950ern, aber die Geschichten, die über ihn erzählt wurden, ließen ihn so real erscheinen, dass ich ihn jetzt noch vor mir sehen kann. Dennis war Little Buddy's Sohn. Little Buddy und seine Frau wurden beide durch einen Zug getötet. So ging die Rede: Sie betranken sich und kamen unter den Zug. Niemand sprach von einem Selbstmord, nicht mal von einem Unfall. Dennis trank viel. Dennis trank nicht während der Arbeit, weil mein Cousin L.T., den wir alle Bruder nennen, ein Priester und wirklich heiliger Mann ist. Er kümmerte sich um Dennis und ließ ihn unter der Woche nicht trinken, nur an den Wochenenden. Unter der Woche bekam Dennis deshalb so ein Medikament, an das man hier oben gar nicht rankommen würde. Wahrscheinlich gibt es das dort heute auch nicht mehr. Das Medikament hieß »Watkins Liniment«. Man sollte es auf dem Körper verreiben, aber Dennis hat es getrunken. Mein Punkt ist, dass Frank Wildersons Buch sowas wie Watkins Liniment ist. Meine Mutter ließ es sich manchmal von Arkansas bis nach Las Vegas schicken, wo ich aufgewachsen bin und manchmal, wenn ich krank war, gab sie mir Watkins Liniment. Aber es war so abscheulich, es war so ekelhaft, dass man zwei Tropfen davon in einem Löffel voll Zucker lösen musste, um es runterzukriegen. Es steckte deine Innereien in Brand. Etwa dieses Ausmaß an Korrosivität assoziiere ich mit Franks Werk. Es ist schwer zu schlucken, aber es ist brillant und absolut notwendig. Es macht, dass es dir besser geht. Was dir fehlt, wird davon geheilt, aber es wird dir nicht gefallen. Das ist jedenfalls meine Erfahrung damit.

Irgendwo in der Mitte von *Incognegro* gibt es einen Moment, in dem Frank ... Er ist in Minnesota in einer schwarzen Mittelklassefamilie aufgewachsen. Seine Eltern waren beide Professoren an der Universität von Minnesota und er wurde früh auf eine Art und Weise radikalisiert, die sowohl Folge als auch Verweigerung seiner Erziehung zu sein schien. Es ist eine interessante und in vielerlei Hinsicht auch typische Geschichte einer schwarzen bourgeois-intellektuellen Bildung, die sich von einem Radikalismus, den die meisten Bourgeoisien versuchen total abzulehnen, nicht trennen kann. Die Gegebenheit der schwarzen Bourgeoisie ist selbst eine Art Radikalismus, den sogar Marx nicht ganz begreifen würde, obwohl er uns – mit seinem Beharren auf dem revolutionären Charakter der europäischen Bourgeoisie – zu diesem Verständnis zum Teil schon das Werkzeug reicht. In diesem Fall, oder in diesen Fällen, fordert der bourgeoise Anspruch eine fast völlige Zurückweisung dieses Radikalismus ein, im Interesse der Verwirklichung desselben Radikalismus. Es ist ein Radikalismus, der reguliert ist, oder sein muss, streng kontrolliert, in einer Weise, die die Duplizität der Unterwerfung reproduziert, welche die inszenierten Erscheinungsbilder und Ernstfälle des modernen Subjekts konstituiert. Aber mir scheint, als sei Wildersons Geschichte eine Geschichte der Verweigerung dieser Regulierung, was nicht bedeutet, die Ambivalenz des Radikalismus zu überwinden, sondern sie zutiefst bewusst zu bewohnen. Das hat etwas Heroisches, oder etwas, das heroisch gewesen wäre. Wie Achilles hat sich Wilderson, so könnte man sagen, wahrscheinlich am intensivsten noch selbst erzogen, um Worte zu bilden und Taten zu vollbringen, in einer Welt, die vom absoluten Verbot genau dieser Worte und Taten bestimmt ist. Die Black Panthers haben ihn früh fasziniert, er schloss sich ihnen als junger Mann an und ging schließlich nach Südafrika, um mit dem bewaffneten Flügel des *African National Congress* zusammenzuarbeiten. Irgendwann kehrt Wilderson zurück nach Kalifornien um Doktorand und Professor zu werden.

Ich würde sagen, Wilderson ist Fanonier im strengsten Sinne. Ich würde ihn beinahe als Fundamentalisten bezeichnen. Es gibt bei Fanon einige Extremsituationen, die

Wilderson sehr ernst nimmt. Was bedeutet es zum Beispiel für Fanon, zu sagen, dass »der Schwarze nicht ist«? Eine solche Formulierung bewegt sich jenseits allgemein vertrauter Vorstellungen von Rassismus als generelle Struktur, in der Menschen zu Dingen reduziert werden. Du kannst sagen, dass ein Schwarzer kein Mensch ist, dass er ein Ding ist und das ist schon hart. Wilderson beharrt nun aber darauf, dass »der Schwarze nicht ist«. Punkt. Diese Besetzung verlangt uns die Frage ab, was dieses »nicht« ist – eine Frage, die kaum ihre Äußerung überlebt, weil »ist« und »nicht« auf einander losgehen; getrieben von dem, was ein anderer brillanter, unverzichtbarer und (a)stringenter Denker an der *UC Irvine* namens Nahum Dimitri Chandler als »paraontologische« Wut bezeichnen würde, wie eine fast unaufhaltsame »schwache« Kraft, die philosophische Dinge und philosophisches Denken auseinander reißt. Jedenfalls entwickelt Wilderson eine rigorose Konzeption normativer Subjektivität. Normative Subjektivität ist dabei präzise durch die Exklusion schwarzer Möglichkeiten bedingt. Am Anfang seiner *Kritik der reinen Vernunft* argumentiert Immanuel Kant für die Notwendigkeit der transzendentalen Ästhetik – was eigentlich nicht mehr heißt als Raum- und Zeitgefühl in der Welt.[12] Mit einem coolen Lacanianischen Manöver sagt Wilderson nun, dass schwarz zu sein bedeutet, keine solche Raumzeit zu haben. Schwarze Menschen existieren in dieser

[12] Immanuel Kant (1998), S. 93-128.

Welt nicht: Wir sind radikal von ihr ausgeschlossen, als Bedingung ihrer Existenz. Die Erschaffung der Welt baut auf unsere Exklusion auf. Im Kontext dieser Welt sind wir wortwörtlich nichts. So formuliert er das, und zwar in einer wahnsinnig lyrischen Passage, in der er sagt, was er als notwendig auffasst, um eine Existenz vorzutäuschen oder zu simulieren, ist, sich selbst in »ein Verhältnis zur« Weißen (Frau) zu setzen.

In seinen Aufzeichnungen beschreibt Wilderson eine komplexe Beziehung zu einer älteren weißen Partnerin. Das Buch fordert dich geradezu auf zu überdenken, was es heißt, ein erotisches und soziales Objekt zu lieben und zu hassen und was es bedeutet, gleichermaßen unfähig zu sein, mit ihm und ohne es zu leben. Sein fragiles Festhalten an einer Existenz, die er nicht einmal für sich beanspruchen kann, hängt von seinem In-ihrer-Anwesenheit-Sein ab. Da gibt es also diesen Moment, wo er mit zwei schwarzen Frauen politische Arbeit zu Rassismus und Lehrplänen in Community Colleges in Santa Cruz, Kalifornien macht. Irgendwann fragt eine der beiden Frauen Wilderson in einem scheinbar nicht-aggressiven, nicht-verurteilenden Ton: »Wirst du jemals wieder mit einer schwarzen Frau zusammen sein?«[13] Das führt zu einem fünfundzwanzigseitigen lyrischen Ausbruch, einer großartig kon-

---

[13] »Vergangene Nacht stellte mir Naima eine verstörende Frage: ob ich jemals wieder mit einer schwarzen Frau zusammen sein könne? Die Frage jagte mir einen Schrecken ein, was ich mir aber nicht anmerken lassen wollte.« Frank B. Wilderson III (2008), S. 229.

trapunktischen Exkursion, die mich immer an Beethovens *Große Fuge* erinnert. Am Ende dieser unglaublichen Tour de Force sagt er im Prinzip: »Wie kann Nichts jemals mit Nichts zusammen sein?« Er sagt: »Damals hatte ich nicht den Mut, es auszusprechen. Selbst jetzt habe ich kaum den Mut, es aufzuschreiben.«[14] Es ist ein erschütternder Moment. Es ist korrosiv, im Fanon'schen Sinne, ist Liniment und Lineament, Medikament und Narbe. Diese Formulierung hat etwas Ätzendes. Sie ist dafür gemacht zu brennen, etwas rückgängig zu machen, den Rost zu lösen, das Zeug auf Null zu reduzieren, von dem aus man vielleicht etwas anderes aufbauen könnte, aber es ist ein Haufen Arbeit, das so zu verstehen, oder das so verstehen zu wollen, und selbst dann, sosehr es die Arbeit auch wert ist, bleibt die Ahnung, dass während dieser Arbeit etwas ebenso Unverzichtbares verloren geht, keine Einbildung.

Ich kann nicht ernsthaft von mir behaupten, diese Arbeit getan zu haben, auch jetzt nicht. Meine erste Reak-

---

[14] »Ich bin nichts, Naima, und du bist nichts: die unaussprechliche Antwort auf die Frage, die in deiner Frage liegt. Darum konnte ich – wollte ich – deine Frage in jener Nacht nicht beantworten. Ob ich jemals wieder mit einer schwarzen Frau zusammen sein könne? Es war ernst gemeint, kein Vorwurf – ich weiß. Vor nichts fürchte ich mich mehr, als eine solche Frage ernsthaft gestellt zu bekommen. Es ist eine Frage, die ins Herz des Begehrens trifft, ins Herz unserer schwarzen Fähigkeit zu begehren. Doch wenn wir die von dir verwendeten Substantive entfernen (die Substantive der Gewohnheit, die uns durch den Alltag tragen) würde sich deine Frage eher so anhören: Könnte nichts jemals wieder mit nichts zusammen sein? Damals hatte ich nicht den Mut und die Redlichkeit, es auszusprechen. Selbst jetzt habe ich kaum den Mut, es aufzuschreiben.« Frank B. Wilderson III (2008), S. 265.

tion war so Jesse Jackson mäßig: »Nein, du bist nicht nichts; du bist jemand, das kannst du so nicht sagen!« Ich habe mir alles Mögliche einfallen lassen, mich dieser Formulierung zu verweigern. Mein Interesse ist nicht darin begründet, dass ich mich selbst so empfinde. Normalerweise wache ich nicht morgens mit dem Gedanken auf, nichts zu sein. (Das ist bei mir einerseits viel mehr und andererseits viel weniger abgefuckt). Ich war an dieser Formulierung interessiert, weil sie so intensiv mit der Frage zum Verhältnis von Schwarzsein und Menschsein verbunden ist. Ich war mir sicher, dass sich das Verhältnis zwischen Schwarzsein und Menschsein durch die Kontinuität von Dinglichkeit bedingt, aber Wilderson brachte mich auf die Fährte, dass ich mich dieser Sache, mit der ich mich so viel auseinandergesetzt hatte, nicht mehr sicher sein konnte. Ich dachte, man könne dieses Verhältnis über die Beschäftigung mit dem Ding oder in gewisser Weise mit dem Objekt, im Sinne des Widerstands des Objektes, zu fassen kriegen. Aber er sagt: »Es gibt kein Verhältnis zwischen Schwarzsein und Menschsein.« Schließlich hörte ich also auf, mich dieser Ahnung zu widersetzen, dass Schwarzsein mit dem Nichts verbunden ist. Mittlerweile habe ich das Gefühl, es ist logisch unangreifbar. Wie dem auch sei, jetzt möchte ich gern über das Nichts nachdenken, weil ich denke, dass in dieser Deplatziertheit, an diesem Nicht-Ort und seiner Nicht-Zeit, etwas ist – etwas ist da im Nichts.

Ich fing damit an, Zen-Schriften[15] und japanische Philosophie aus den 1930ern[16] zu lesen, besonders einen Philosophen namens Nishida Kitaro, der eine interessante Unterscheidung zwischen relativem und absolutem Nichts trifft. Das relative Nichts ist das Nichts, das wir normalerweise mit dem Existenzialismus verbinden, mit Camus oder Sartre. Sartres *Das Sein und das Nichts* befasst sich mit dem, was Nishida als relatives Nichts bezeichnet und was wir mit der Entfremdung des individuellen Subjekts und einer speziellen Form des Nihilismus verbinden.[17]

Nishidas Denken gründet auf einem globalen mystischen Ensemble, das nicht nur die Buddhistische Lehre einschließt, sondern auch das Werk des deutschen mittelalterlichen Mystikers Meister Eckhart, mit dessen philosophischem Werk sich auch Heidegger beschäftigte. Eckhart hat ein großartiges »Konzept«: die *Gelassenheit*, die ins Englische oft mit »releasement« übersetzt wird. Dabei ist das Nichts in die Bedeutung dessen eingebunden, gegebene Konzepte aufzugeben – nicht nur über die normative Konzeption des Menschseins, sondern auch darüber, was die menschliche Fähigkeit garantiert oder sicherstellt, das Göttliche zu begreifen oder mit ihm zu kommu-

---

[15] Tanahashi Kazuaki und Peter Levitt, Hrsg. (2013); Daisetz T. Suzuki (1980).

[16] Robert E. Carter (2013).

[17] Robert E. Carter (1998); Kitaro Nishida (1993), S. 82-88, 167-172; Kitaro Nishida (1999), S. 204-284; Jean-Paul Sartre (1991).

nizieren.[18] Im Versuch, das Verhältnis zwischen Schwarzsein und Menschsein durch Dinglichkeit zu fassen zu kriegen, verblieb in meiner Arbeit doch noch ein Restelement, das an der Idee eines normativen Menschseins festhielt, statt diese konsequent zu kritisieren. Was wiederum etwas damit zu tun hat, einen Platz und eine Zeit in dieser Welt zu haben und potenziell vielleicht auch in einer anderen Welt. Nishidas Idee des Nichts, zu der mich Wildersons Arbeit wie zu einem Zufluchtsort geführt hatte, hat mich auf die Notwendigkeit der Unterscheidung zwischen der Idee der Welt als Schaffensprozess, in dem Subjekte und Personen involviert sind, und der Idee der Welt als Modus einer Bewohnung und Praxis gebracht. Hier kommt jetzt Harold Mendez' Werk und (dessen Verschränkung mit) Samuel Becketts Werk ins Spiel, zusammen mit einer ganzen Bandbreite an Künstlern, die den Mut haben, sich mit dem Nichts lange genug auseinanderzusetzen, um zu erkennen, was drinsteckt. Manchmal wird die buddhistische Vorstellung des Nichts vielleicht zu leichtfertig übersetzt und irreführenderweise als »Leere« ausgelegt, aber es ist notwendig, eine Unterscheidung zwischen diesen beiden Dingen zu machen, um an den Inhalt des Nichts, der Bedeutung davon, etwas loszulassen, zu gelangen – nämlich, um es genauer auszudrücken, den Wunsch nach einer normativen Subjektivität loszulassen. Wahrschein-

---

[18] Zur Affinität Eckharts mit dem Zen-Buddhismus und der Kyoto-Schule, vgl. Shizutero Ueda (2004), S. 157-70; Meister Eckhart (2008), Sermon 52.

lich ermöglicht das Nichts, insofern es weder reduzierbar auf noch austauschbar mit »Leere« ist, eine Rekalibrierung von (nach Wilderson »unserer schwarzen Fähigkeit« zu) Begehren, die nicht von einem konstanten Oszillieren zwischen Mangel [lack] (immer von einem stummen B angeführt [»black«]) und (Weißsein als) Normativität abhängig ist. Einerseits wurde schwarzen Leuten konstitutiv der Zugang zur Möglichkeit verwehrt, eine (normative) Subjektivität zu erreichen. Andererseits kann man sich jetzt eine gewisse Afro-Buddhistische Behauptung vorstellen, dass dieses Erreichen gar nicht sein kann. Es ist eine Fantasie, die niemand für sich beanspruchen kann, aber es ist eine Fantasie und Struktur, die unsere Existenz organisiert – die Idee einer diskreten, absolut und komplett ganzheitlichen Autarkie.

Also habe ich ungefähr das letzte Jahr lang versucht, über dieses Verhältnis von Schwarzsein, Dinglichkeit und Nichts [blackness, thingliness, nothingness] nachzudenken. Wie ich schon erwähnt habe, war Harolds Arbeit wesentlich für meine Überlegungen dazu. Wenn ich über seine Arbeit nachdenke, kommen mir immer wieder zwei Wörter in den Sinn: »fray« [Franse bzw. ausfransen] und »blur« [Unschärfe, Verschwommenheit, verschwimmen]. Seine raue Kante – die unscharfe oder gezackte Kante – eröffnet so etwas wie eine Art Nicht-Ort zum Bewohnen und Denken. Du willst davon weg oder da durch und nicht so über-determiniert werden von dem Wunsch nach Glätte oder Vollsein oder Vollständigkeit. Die Unschärfe oder

Ausgefranstheit seiner Kanten liegt nicht an einem Mangel an praktischen Kenntnissen. Seine Kanten sind unscharf und ausgefranst, weil sie durchgearbeitet wurden. Das finde ich das Überzeugendste und Inspirierendste an seiner Arbeit – sie zeugt von einer monastischen Praxis des alltäglichen Tuns und Schaffens. Und auf diese Weise schafft Harolds Werk die Verbindung zu den Undercommons, weil die Undercommons meiner Ansicht nach primär von der Alltagspraxis des Tuns und Schaffens charakterisiert werden, in einer (Per)Version des alten Griechischen Sinns von *poiesis*. Es ist eine soziale Poetik: Ein permanenter Prozess, in dem Menschen Dinge und einander erschaffen, oder genauer gesagt, in dem kontinuierlich unteilbare Differenzen geschaffen werden. Sie erschaffen die Sozialität, in der sie leben und diese Sozialität wird häufig im relativen Sinn als Nichts begriffen – als etwas, das Niemand wollen und um das sich Niemand kümmern würde. Aber diejenigen von uns, die versuchen, sich ein Vertrauen zu bewahren und ein Verhältnis zu dieser Poetik der Undercommons, wissen, dass dieses Nichts nicht der Leere entspricht. Es ist für uns notwendig, es zu bewohnen, aber auch, es zu studieren und in ihm zu studieren, in unserem und als unser Praktizieren von ihm. Unsere Praxis ist dabei auch eine Praxis einer Erforschung. In diesem Sinne ist Harolds Arbeit exemplarisch für eine Poetik der Undercommons.

FRAGE 1

Frank Wilderson zufolge »ist der Schwarze nicht«, weil schwarz zu sein ganz und gar abhängig davon ist, von Weißen anerkannt zu werden. Aber warum hängt dann weiß zu sein nicht auch ganz und gar davon ab, anerkannt zu werden? Sind sie nicht abhängig voneinander?

FM: Das ist ein Paradox. Logisch gesehen ergibt das, was du sagst, vollkommen Sinn, und tatsächlich gibt es in Fanons Werk einen Moment, in dem er genau diese Logik anwendet. Homi Bhaba hat eine komplette Karriere auf der Auslegung dieses einen Satzfragments Fanons aufgebaut. Fanon schreibt: »Der Schwarze ist nicht. Ebenso wenig der Weiße.« Hier ist eine Symmetrie – dass schwarze Inexistenz mehr oder weniger symmetrisch zur weißen Non-Existenz ist. Es gibt also Momente, in denen Fanon solche Dinge sagt und die sind dann auch relativ deutlich. Allerdings gibt es dann wiederum Stellen, die sich dieser Formulierung querstellen. Auch wenn der weiße Mensch auf die Weise nicht ist wie der schwarze Mensch nicht ist, auch wenn beide sich in einer wechselseitigen Umarmung gegenseitiger Negation und Unmöglichkeit befinden, gibt es bei Fanon noch diese Ahnung, dass der schwarze Mensch eine Konstruktion des weißen Menschen ist. Dann, wenn man sich die Frage nochmal genauer anschaut, räumt sie ja doch die Möglichkeit einer früheren Existenz ein: Der weiße Mensch muss bereits irgendwie existiert haben, falls der schwarze Mensch seine Produktion, sein Artefakt ist. Dieses zeitliche Paradox Fanons ist also etwas, dass aufmerksam gelesen und durchgearbeitet werden muss, wenn man sich mit seinem Werk befasst.

Was Wildersons Arbeit so interessant und tiefgründig macht, ist sein Bekenntnis zu dem, was er bei Fanon findet: Er versteht, dass das Schwarze eine für ihn zweischneidige Asymmetrie erzeugt, weil es eine Konstruktion ist. Einerseits fordert es von mir ein, ein schwarzes Nichts [black nothingness] zu behaupten, darauf zu bestehen; andererseits wird das schwarze Nichts zum mächtigen und korrosiven Mittel, das potenziell die Welt zerstören könnte. Um dieses relative Nichts von Wilderson aufzunehmen und für sich zu beanspruchen, muss man also einen hohen Preis bezahlen, an diesem Preis hängt allerdings auch die Möglichkeit zu diesem großartigen Vorteil. Dieses Paradox kann man in seiner Umkehrung auch in Judith Butlers Arbeit finden, etwa in ihrem Kapitel zu Althusser in *The Psychic Life of Power*.[19] Sie schreibt darin über den bekannten Aufsatz über »Ideologie und ideologische Staatsapparate«. Nach Althusser entsteht das Subjekt qua Anrufung durch den Staatsapparat. Aber, fragt sich Butler, wenn der Staatsapparat das Subjekt in die Existenz anruft, wen ruft dann der Staat? Diese Problematik des Anrufens produziert einen infiniten Regress, den Butler anerkennt: Sagt man, der Staat rufe das

---

[19] Judith Butler (2007), S. 101-124.

Subjekt in die Existenz, dann impliziert man damit ja, dass etwas da gewesen sein muss, das vom Staat gerufen werden kann. Dieser Ruf musste von jemandem beantwortet werden – das Fanon'sche Paradox (in dem der schwarze und der weiße Mensch nicht sind, in wechselseitiges und relatives Nichts eingeschlossen, selbst wenn der schwarze Mensch Konstruktion, Auslöschung und Bedingung der Möglichkeit des Weißen ist) ist ein Spiegelbild dieses bereits gespiegelten Bildes. Du sagst, der Schwarze ist nicht, ebenso wenig der Weiße, und gleichzeitig, dass das spezielle Nichts des Schwarzen abgeleitet ist. Es existiert in Abhängigkeit zu seiner Konstruktion, was wiederum darauf schließen lässt, dass die Möglichkeit einer weißen Existenz vor der schwarzen Existenz besteht, die als einziges das Auftauchen einer angeblich vorherig bestehenden weißen Existenz überhaupt ermöglicht.

Ich glaube, es gibt einen Weg, diese Paradoxen zu umgehen. Butlers Paradox ist das Folgende: Lasst uns untersuchen, wer gerufen wurde; lasst uns dieser vorherigen Existenz nachgehen und schauen, ob wir darüber etwas herausfinden und sie studieren können. Nun ist es so, dass viele Leute sich nicht umdrehen, wenn die Polizei sie ruft, weil sie aus Erfahrung wissen, dass sie wegrennen müssen. Sie alle erinnern sich doch an diesen Song: »Ghetto Supastar« von Pras, oder? Pras hat gemeinsam mit krix ex einen Pulp Roman namens *Ghetto Supastar* geschrieben, der gar nicht so schlecht ist.[20] Der Held ist ein junger Typ namens Diamond, ein aufstrebender DJ, der kurz vor seinem Durchbruch als Star steht. In einer Szene sieht er einen Cop bevor der Cop ihn sieht. Das ergibt ein interessantes Szenario, das es uns ermöglicht, die philosophische Wertigkeit der Erfahrung jener zu erfassen, die den Anruf des Staates (sowohl in Form von Kugeln als auch Stimmen) antizipieren und daraufhin versuchen, ihm zu entgehen. In diesem Paradox, das Butler entwirft, findet sich also einiges zum Nachdenken. Insofern die Weißen für den Staat stehen, ihn repräsentieren, und durch ihn ihre Existenz als politische Akteure sichern, und wir die Fabrikation der Schwarzen bedenken – nicht so sehr im Sinne des Fanon'schen Diskurses, als von einem Aufruf abhängig, sondern vielmehr abhängig von diesem grauenhaften, brutalen Erscheinungsapparat, den er »Epidermalisierung« nennt – dann wird es möglich, sich das Material, die Substanz vorzustellen, aus dem diese Entität gemacht worden ist, in Abhängigkeit dazu, wie sie sozusagen ausgestattet worden ist, mit einem Körper und einer Haut, die der gewaltvollsten Lesbarkeit unterliegen.[21] Lasst uns diesem Punkt ein wenig Aufmerksamkeit schenken, oder anders gesagt: Wenn der Schwarze eine Fabrikation des Weißen ist, ist dies eine Fabrikation, die *ex nihilo* passiert, wortwörtlich »Etwas aus Nichts erschaf-

---

20 »Pras« Michel Prakazrel und kris ex kris (1999).

21 Frantz Fanon (2015), S. 12-13.

fen«, was für uns die Notwendigkeit produziert, zu untersuchen, was dieses »Nichts« ist, oder nach dem Inhalt des »Nicht-Dinghaften« [no-thingness] zu fragen.

FRAGE 2

Gibt es eine Weise, nach der diese Kategorien ungenügend sind? Was ist die produktive Natur des Binären und hattest du Momente und Erfahrungen, in denen du das Binäre nicht mehr gebrauchen konntest?

FM: Noch etwas, das ich früher hätte erwähnen sollen, und was auf den Punkt folgt, mit dem ich meine vorherige Antwort beendet habe, ist eine Unterscheidung in Heideggers Werk. Für mich hängt davon alles ab. Aus der ontologischen Unterscheidung zwischen Seiendem und Sein macht Heidegger so einiges. Du kannst von unterschiedlichen Seienden reden, aber es wirft dich letztlich auf die Aufgabe zurück, dass du versuchen musst zu begreifen, was genau sie alle unter der Rubrik des Seins zusammenfasst, soll heißen, bei der das Sein als Möglichkeitsbedingung für ihr Erscheinen als Seiende gemeint ist. Heideggers gesamte Arbeit basiert auf der Vorstellung, dass wir die Bedeutung des Seins verloren haben, dass wir die Fähigkeit verloren haben, die Frage nach dem Sein in unserem alltäglichen Umgang mit Seienden zu stellen.

Neben Denise da Silva ist Nahum Chandler einer der beiden klügsten Menschen der Welt.[22] In seinem neuen Buch argumentiert er; wenn Schwarzsein als Non-Existenz gedacht werden muss, oder als Nichtsein [nonbeing], bedeutet das, dass wir in einen Prozess oder Denkmodus kommen müssen, den Nahum als »Paraontologie« bezeichnet; nicht als normale Ontologie, sondern als etwas, was Stefano und ich als einen undercommon Bruch der Ontologie zu verstehen versuchen. Ausgehend von Nahums Arbeit erkannten wir die Notwendigkeit einer paraontologischen Unterscheidung des Schwarzseins – zwischen Schwarzsein und schwarzen Menschen. Hier wurden uns dann Nishidas Vorstellungen vom Nichts nützlich, wegen seiner Unterscheidung zwischen dem Absoluten und dem Relativem. Die Vorstellung wäre, dass der schwarze Mensch, relativ zum weißen Menschen, nichts ist. Und in dem Ausmaß, wie das Binäre auf diese Weise funktioniert, ist seine Brauchbarkeit offensichtlich ziemlich begrenzt. Oder anders gesagt: Seine Brauchbarkeit erlaubt dir, verschiedene Formen absolut notwendiger Sozialkritik zu entwickeln. Das relative Nichts des Schwarzen im Verhältnis zum Weißen, ermöglicht es dir, über Trayvon Martin und Jordan Davis Dinge zu sagen, die alle auf einem spezifischen Verständnis von (relativen) Werten basieren. Die Endlosigkeit dessen, was Olaudah Equiano vor Hunderten von Jahren als »Vorfälle und Verletzun-

[22] Nahum Dimitri Chandler (2013); Denise Ferreira da Silva (2007) und (2009), S. 212-36.

gen« bezeichnete, macht uns fortwährend präsent, dass schwarzes Leben im Vergleich zum weißen Leben keinen Wert besitzt – dass es im Verhältnis zum weißen relativ wertlos ist. Was uns diese Binarität und dieser Diskurs um Wert nicht wirklich erlaubt oder abverlangt, ist, eine Vorstellung davon zu entwickeln, wie man aus dieser Problemlage rauskommt. Da rauszukommen, bedeutet nicht nur, die Gleichstellung der Werte des Schwarzen zum Weißen durchzusetzen, sondern es erfordert auch eine schonungslose Kritik am Wert. An einem gewissen Punkt geht es nämlich nicht mehr darum, ob du gleich viel Wert bist oder nicht, sondern darum, die generelle Unbewertbarkeit des Lebens zu behaupten. Von der Minute an, in der das Leben gewertet wird – lasst uns einen genaueren Blick auf diese Minute werfen, deren endlose Wiederholung wir bewohnen, wenn nicht sogar erben. Die Vorstellung, unser Überleben des fortlaufenden Genozids setze voraus, dass schwarze Menschen und Leben keinen Wert haben, erweist sich strukturell und historisch als falsch: Uns wurde nicht nur ein Wert zugeteilt, sondern auch ein Preis innerhalb einer scheußlichen Struktur politisch-ökonomischer Verhältnisse, welche vor allem von der Auferlegung der Individuation und der simultanen Entwendung der Möglichkeit zur Individualisierung ausgemacht werden. Die *Undercommonness*, die es sich anzueignen gilt, wird von der individuellen Person, dem spezifischen Ding verdeckt. Sie wurde so oft als Schwarzsein abgeleugnet, was ihre absolut notwendige und nicht-exklusive historische Form ist. Im Grunde ermöglicht dir die paraontologische Unterscheidung zwischen Schwarzsein und schwarzen Leuten, dich von der Vorstellung des relativen Nichts zu verabschieden – vom Schwarzen als relativ zum Weißen – und ermöglicht es dir, Schwarzsein als generelle Bedingung zu verstehen, zu welcher, meiner Meinung nach, Zugang für alle besteht. Was Schwarzsein bezeichnet, ist essentiell und wichtig, aber es gibt andere Bezeichnungen dafür.

Frage 2 A

Genau darum geht es auch in meiner Frage: Suchen Sie nach einer Bezeichnung für eine Bedingung, die nicht der normativen Subjektivität entspricht? Was mich dazu verleitet, nach den vielen Grauzonen zu fragen, in denen Menschen außerhalb dieser Binarität agieren. Oder suchen Sie nach etwas Nützlichem?

FM: Ich zögere immer bei dem Begriff der Grauzone, weil er letztlich genau diese Binarität untermauert, die man mit ihm aufzulösen versucht, weil die Grauzone von der Binarität determiniert wird. Das mag ein bisschen pingelig sein. Was ich im Endeffekt sagen will, ist, dass wir uns in einer spezifischen Geschichte ansiedeln. Der Begriff Schwarz und Schwarzsein hat eine Geschichte, von der wir uns nicht einfach so abmelden können. Aus verschiedenen, historisch spezifischen Gründen wird diese Bedingung, kein Subjekt zu sein, keine Bürger'in zu sein, keine selbstbeherrschte und Selbst besitzende normative Person zu sein, mit Schwarzsein assoziiert. Diese Bedingung wird auch mit anderen Dingen assoziiert, zum Beispiel mit der irreduziblen, unerschöpflichen Gewalt von geschlechtlichen Differenzen, Queerness und Mutterschaft im Schwarzsein, welche Hortense Spillers die letzten dreißig Jahre theoretisierte.[23] Ich weiß nicht, ob es mir oder irgendwem hier möglich ist, mich dem Begriff »Schwarzsein« abzulegen. Gleichzeitig ist es aber wichtig anzuerkennen, dass Schwarzsein als ästhetische und soziale Kraft nicht davon determiniert und strukturiert wird, was man als Schwarz/Weiß-Binarität bezeichnet hat. Schwarzsein ist dieses andere *(no-)thing*. Wir müssen mit seiner Geschichte umgehen, der Geschichte, als »Schwarzsein« bezeichnet worden zu sein. Wir können diese Bezeichnung und diese Tatsache nicht einfach ablegen, dass die Menschen, die historisch als schwarz bezeichnet wurden, wortwörtlich dazu berufen wurden, das Schwarzsein in dieser Welt und durch diese Welt zu bewahren: Als einen anderen Modus, diese Erde zu bewohnen – ein Modus, der andernorts radikal und grausam ent-/bewertet wurde. Es ist also wichtig, zwischen Schwarzsein und schwarzen Menschen zu unterscheiden, aber es ist ebenso wichtig anzuerkennen, dass Schwarzsein nicht Besitztum schwarzer Menschen

---

[23] Hortense J. Spillers (2003).

ist. Alle haben das Recht und die Möglichkeit, Schwarzsein für sich zu beanspruchen. Ich denke, da unterscheide ich mich von Wilderson, weil ich diesen Anspruch für eine gute coole glückliche Sache halte. Er findet, Schwarzsein für sich zu beanspruchen, ist äquivalent dazu, den Tod zu beanspruchen. Und kann ja sein, dass das für ihn eine gute coole glückliche – oder zumindest absolut notwendige – Sache ist. In dem Fall wäre das Problem wohl meine mehr oder weniger konventionelle Tendenz, zu versuchen mir den Tod vom Leibe zu halten. Er spricht von der Notwendigkeit eines »Tanzes mit dem Tod«. Aber ich neige dazu, eher über die Notwendigkeit eines Tanzes mit dem Leben nachzudenken. Definitiv ist es wichtig, an der Beschränktheit dieser Binarität zu arbeiten.

Frage 3

Ich freue mich sehr über diesen dritten Aspekt, den Sie in Bezug auf Wildersons Arbeit und Ihre eigene hervorgehoben haben. Das Buch, das Sie erwähnten, habe ich nicht gelesen, dafür aber einen Essay, den er über Gramscis Marxismuskritik geschrieben hat. Der geht in dieselbe Richtung wie das, was du über Schwarzsein in der weißen Zivilgesellschaft gesagt hast, dass es nicht äquivalent ist. Wildersons Arbeit erlaubt es einem, Dinge auszusprechen, und die Lektüre war für mich wirklich lebensverändernd. Was es einem allerdings nicht mitgibt, ist sowas wie eine *agency*. Über die Punkte nachzudenken, die Sie in Bezug auf seine Arbeit gemacht haben, hat mir geholfen, weil ich seine Argumentation nachvollziehen kann, sich mir aber nach einem Text wie seiner Gramsci-Abhandlung auch ein Gefühl einstellt von: und nun? Was soll ich jetzt damit anfangen?

FM: Wie ich bereits gesagt habe, ist Wildersons Arbeit stringent. Es ist ein Adstringent. Es ist ein chemischer Wirkstoff, der dafür entwickelt wurde, die Oberfläche von irgendwelchem Zeug zu entfernen, um den Menschen bestenfalls dazu zu verhelfen, tiefer zu gehen. Trotzdem lässt es uns am Ende einen Haufen Fragen darüber, was jetzt zu tun sei. Es gibt in seiner Arbeit noch eine weitere Stelle, die mit der Stelle von *Incognegro* stark verknüpft ist, die ich beschrieben habe, wo er sagt: »wie kann Nichts jemals mit Nichts sein?« An dieser anderen Stelle sagt er: »Ich habe nie wirklich gelernt, mit anderen schwarzen Menschen zu sein.« Es ist ganz offensichtlich eine komplizierte Formulierung, weil er in einem Haus voller schwarzer Menschen aufgewachsen ist – das jedenfalls entspräche wohl der gewöhnlichen Einschätzung seiner autobiographischen Erzählung. Mein erster Impuls war es, zu sagen: »Also ich für meinen Teil kann mit schwarzen Menschen sein. Das ist also was bei dir schiefläuft.« Aber dann ist da ein anderer Moment, in dem du realisierst: »Nein, damit hat es mehr auf sich.« Weil er damit sagt, dass mit schwarzen Menschen zu sein nicht einfach eine

Sache ist, die man macht, wenn man morgens aufsteht. Es ist ein Problem, ein Studienobjekt, eine Praxis, die ein Nachdenken erfordert. Nichtsdestotrotz denke ich, es ist möglich, mit schwarzen Menschen gemeinsam (zu sein) zu lernen. Das ist wichtig, weil der Ort, an dem sich schwarze Menschen versammeln, um zu studieren, wie wir etwas anders machen könnten, privilegiert ist. Auch das entspricht wieder der Tatsache, dass schwarze Menschen dazu berufen wurden, das Schwarzsein zu erhalten, insofern Schwarzsein universell verschmäht und gleichzeitig, auf diese korrosive und brutale Weise fast universell akkumuliert und begehrt wird. Hier ist also dieser Ort, der gedacht und studiert werden kann. Da kannst du hingehen, um das zu lernen. Also bin ich in dieser Angelegenheit wahrscheinlich optimistischer als Wilderson. In dieser Hinsicht würde ich mich denn auch niemals einen Afropessimisten nennen, obwohl ich auch darauf hinweisen möchte, dass ich mich auch niemals einen schwarzen Optimisten nennen würde, sogar oder besonders wenn ich etwas artikulieren möchte, das man als *black optimism* bezeichnen könnte, oder besser noch: als *black operation*.

FRAGE 4

Ich möchte gern auf die Frage des Werts zurückkommen, die Sie am Ende ihrer Rede erwähnt haben. Was bedeutet es für Sie, in dieser Welt etwas »von Wert« zu tun?

FM: Ich schätze mal, das impliziert Wertlosigkeit. Also eher noch, als den Wert rauf und runter zu reflektieren, bestehen wir auf das Unwertbare. Soll heißen: auf den ethischen Imperativ, eine Sozialität um das Unwertbare herum zu strukturieren und keine politische Ökonomie, die absolut von Werten bestimmt wird. Ich denke, eigentlich haben wir ausreichend historische Beispiele von Menschen, die genau das getan haben, oft unter Zwang. Damit tappen wir also nicht komplett im Dunkeln, wir müssen das nicht alles neu erfinden. Damit haben wir etwas in der Hand, das wir auf empirischer Ebene studieren können.

FRAGE 5

Ich kenne Wildersons Arbeit nicht so gut, aber bei Fanon gibt es dieses Motiv – ich schätze mal in *Die Verdammten dieser Erde* ist das noch evidenter – das, wie Sie gesagt haben, das Verhältnis von Schwarzsein und Weißsein, zwischen Siedler'in und Indigener/m als Fiktion zu begreifen, als Phantasma, und dass die Zerstörung des Kolonialismus all diese neuen Möglichkeiten aufbringen wird. Natürlich ist das nicht passiert. Es ist in Algerien nicht passiert, was er auch ein bisschen vorausgesagt hat. Aus den Ereignissen der postkolonialen Welt haben sich viele Gründe dafür ergeben, sich von dieser Formulierung Fanons abzuwenden, was dann auch viele gemacht haben. Sie fordern uns dazu auf, tiefer zu denken – auf eine Weise, die nicht nur politisch, sondern auch philosophisch ist – aus der Lektüre Ihrer kollaborativen Arbeit mit Stefano lässt sich Ihre Bereitwilligkeit schließen, Schwarzsein und die Undercommons »gemeinsame Sache machen« zu lassen, als eine Art Fluchtweg. Das hat etwas Hoffnungsvolles. Allerdings hat das auch etwas Unaussprechliches, was es erschwert, das in verschiedene andere politische Kämpfe und Formationen zu übersetzen. Ich schätze, diese Metaphern sind attraktiv aufgrund der Großzügigkeit des Schwarzseins, allen verfügbar zu sein, die sich für diese Bedingung entscheiden, aber dann ist da noch die Frage nach Macht.

FM: Früher habe ich gewisse Begriffe verwendet, die ich mittlerweile nicht mehr verwenden möchte. Ich will weiterlesen und mir so einen Ausweg aus diesen Begriffen erarbeiten. Einer dieser Begriffe ist Politik oder das Politische. Hannah Arendt macht eine klare Trennung zwischen dem Politischen und dem Sozialen. Sie tut das und bewertet, denke ich, das Politische – die öffentliche Sphäre, in der Subjekte sprechen und handeln – deutlich höher als das Soziale. Ich finde diese Unterscheidung wirklich brauchbar, allerdings fühle ich mich dem Sozialen verpflichtet, für das sich Arendt primär interessiert, insofern, als dass es reguliert werden muss. Selbst wenn man zu den Begriffen der griechischen Antike zurückgeht, würde das Soziale die schattenhafte, undercommon Sphäre des *métoikos*, der Sklavi̇n – wortwörtlich »diejenige außerhalb des Hauses« – ausweisen. Wir wissen aber, dass diejenige außerhalb des Hauses auch diejenige ist, deren Exklusion aus dem Haus für dieses konstitutiv ist und deren Exklusion sich auf Inkorporation gründet. Diejenige, die nicht zur Familie gehört, die im Privaten nicht nur nicht ist, sondern die dazu gar nicht in der Lage ist, obwohl sie das Private überhaupt erst ermöglicht, obwohl sie die öffentliche Sphäre, den Staat, das Politische überhaupt erst ermöglicht, ist sie einer bösartig gekoppelten Mechanik ausgesetzt, durch die sie vom Haus, vom Staat ausgeschlossen wird, vom Privaten und vom Politischen, durch ihre Einschließung/Vereinnahmung darin. Lesen Sie das *Symposium* und suchen Sie die Sklavi̇n, die den Wein ausschenkt. Die soziale Situation der Philosophie ist Sklaverei und das müssen wir erfassen. Mein Interesse gilt aber dem Versuch, einige Aspekte der Sozialität zu überdenken, die es erfordern, nach der Sklavin zu suchen und die mir mit dem Nachdenken über Poetik – nicht über Politik – untrennbar verbunden scheinen. In dieser Hinsicht folge ich meinen Freundi̇nnen Laura Harris und R.A. Judy.[24]

[24] Laura Harris (2012), S. 49-75; Ronald Judy (Im Erscheinen).

Über Poetik nachzudenken bedeutet, auf der Ebene der Praxis nachzudenken. Oft denke ich daran als eine alltägliche monastische Praxis, aber im Sinne eines Thelonialen Monastizismus, einer Monk'schen Art des Mönchseins. Es wäre der Monastizismus des Clubs. Ich denke, dass irgendwer eigentlich immer in diese Praxis eingebunden ist. Ein wichtiger Moment für Stefano und mich war eigentlich ein ganz einfacher Moment der Auseinandersetzung mit der Selbstbezeichnung der Black Panthers: »*The Black Panther Party for Self-Defense*«. Das hieß, sie haben gedacht, sie hätten etwas zu verteidigen. Lasst uns versuchen, zu erforschen, was sie meinten. Was war es, das sie meinten, zu verteidigen zu haben? Ich glaube nicht, dass es in erster Linie eine Sammlung individueller, individualisierter, problematisch und variabel valorisierter Leben war. Ihre Militanz der Selbstverteidigung muss als fundamental von der Art verschieden verstanden werden, die wir normalerweise mit einer sozialen Bewegung assoziieren, die etwas fordert, das sie nicht hat. Eher als etwas einzufordern, das sie nicht hatten, versuchten sie, etwas zu verteidigen. Wenn wir in dem Sinne über das nachdenken, was *Civil Rights Movement* genannt wird, eröffnet sich einem ein völlig neuer, ziemlich cooler Raum – sagt man, dass die Segregation ein aggressiver Modus war, das zu töten, ermorden und zu zerstören, was die schwarzen Leute im Süden zu verteidigen hatten, dann war die Desegregation ein Modus der Selbstverteidigung. Es war also nicht so: »Wir wollen euer Wasser trinken«, sondern so: »Wir wollen, dass ihr aufhört, uns zu töten und Segregation ist die Modalität, durch die ihr das tut.« Zu sagen, wir hätten etwas zu verteidigen, bedeutet, wir haben etwas zu erforschen, so dass dieses ganze Konzept von *ex nihilo* – etwas aus dem Nichts zu erschaffen – bedeutet, dass sich am Ende herausstellt, dass das Nichts eine Substanz hat. Zu sagen, wir schaffen etwas aus dem Nichts, heißt, da müssen Fleisch und Knochen und Knorpel sein, wortwörtlich in der Non-Koaleszenz und Untrennbarkeit des raumzeitlich koordinierten Körpers. Die Art der Codierung und Wertung des Nichts, das dort ist und kontinuierlich sowohl das »dort« als auch das »dann« durcheinanderbringt, ist herabwürdigend. Aber wir müssen wissen, dass wir über Material verfügen, mit dem wir arbeiten können. Das tun wir, indem wir einige Formen der Alltagspraxis betreiben. Es gibt also diese bestimmte Denkweise, eine soziale Bewegung auf der Ebene von »wir wollen etwas« zu verstehen. Ihr habt all das und wir wollen auch etwas davon. Ich finde es interessanter, mich für eine Sozialpraxis einzusetzen, in der wir sagen: »Lasst uns mal schauen, ob wir das was wir teilen, kultivieren können.« Ich verstehe das nicht als Selbst-Hilfe oder als Für-sich-selbst-tun, wobei ich das auch gar nicht diffamieren will. Das enthält nämlich schon eine Radikalisierung der Idee eines Selbsts, weil dieser Praxis ein ständiges Erschaffen und Differenzieren innewohnt – das, was wir verteidigen, wenn wir uns verteidigen, ist unsere beständige Fähigkeit, uns selbst zu rekonstruieren. Es bedeutet, sich von einer

Politik des Zutritts abzuwenden, von einer Sub-Politik, die von dem ausgeht, was es hieße, in die Sphäre des Politischen einzutreten, an den Rändern des Politischen herumknabbernd wie ein Bieber, der einen Damm baut. Ich habe so eine Hassliebe zu Facebook. Teilweise liegt das daran, dass ich all diese Freunde habe, und Sie wissen ja, man möchte Freundïnnen haben, man möchte mit seinen Freundïnnen befreundet sein und hat dieselben Beweggründe und Anliegen wie seine Freundïnnen. Deshalb sind viele meiner Freundïnnen auch schwarze Professorïnnen. Unser Verhältnis zu Institutionen ist dürftig, deshalb sind auch viele Facebook-Posts, die mir vorgeschlagen werden, mit dieser Thematik verknüpft. Wahrscheinlich haben sie das »*I too am Harvard*« ebenfalls gesehen, diese jungen Harvard-Studentïnnen, die sagen »Auch ich bin Harvard«, worauf bald ein »Auch ich bin Oxford« folgt. Wissen Sie, ich war selbst in Harvard, also distanziere ich mich davon nicht so sehr, sondern würde vielmehr behaupten, selbst das ein oder andere davon zu verstehen. Es ist eine Sache, zu sagen: »Ich möchte inkludiert werden.« Es ist aber eine andere Sache, zu sagen: »Ich möchte gegen eure Befähigung kämpfen, mich auszuschließen.« Wir haben eine Geschichte der Verweigerung gegen das, was uns verweigert wurde. Wenn wir diese Geschichte studieren, können wir einige Praktiken entwickeln, die brauchbar und überhaupt nicht unaussprechlich sein werden. Wir haben tatsächlich etwas, mit dem wir arbeiten können.

FRAGE 5 A

Vielen Dank für Ihren Vortrag und dafür, dass Sie dann auch wirklich zu dem Punkt gekommen sind, über Praktiken und Sozialität zu sprechen. Für mich wird die Praxis des Lesens und Schreibens selbst, wenn nämlich das Lesen mit diesen Praktiken nicht in Verbindung gebracht wird, manchmal fast unerträglich. Deshalb habe ich eine Million Fragen an Sie. Ich würde gerne schauen, welche dieser Fragen Sie beantworten wollen. Mir ist aufgefallen, dass es im *post-racial* Amerika neue Formen der Konstruktion des Nichts und von Niemanden gibt, die in Verbindung zur Erfindung der undokumentierten Nicht-Person [non-person] stehen. Diese Positionen bringen Praktiken hervor, Legalität auf eine Weise als Position anzunehmen, die sich von einer auf Rechten basierenden Mainstream-Politik unterscheidet. Ich weiß nicht, ob das etwas ist, das Sie interessiert oder beschäftigt. Gerade arbeite ich mich auch durch *Die Undercommons* und kann das Kapitel »Die Phantasie im Laderaum« einfach nicht aus der Hand legen. Ich wollte fragen, ob Sie darüber sprechen möchten, oder ob Sie auf das Verständnis nicht nur von Fracht, Schwarzsein und Dinglichkeit, sondern auch von Logistik als etwas, das jede Form von Sozialität als Nichts produziert, eingehen möchten. Anders gesagt; wie erweitern die Fragen des Nichts »Die Phantasie im Laderaum«?

FM: Der Begriff, der mir spontan dazu einfällt und diese Bereiche verknüpft, wäre... die Undokumentierten ermöglichen es, Undokumentierbarkeit als etwas zu verstehen, das man affirmieren sollte. In dieser Hinsicht fällt mir auf, dass die Undokumentierbarkeit mit »Die Phantasie im Laderaum«, mit diesen Formen erschöpfter Sozialität verbunden ist, die in diesem Raum auftreten und auch damit, was es bedeutet, in dieser Brutalität des Verschifft-Werdens, des brutalen Inkorporiert-Werdens in eine Art Logistik-Regime, zu agieren. Gleichzeitig bedeutet es auch, anzufangen, auf all diesen komplexen, vielschichtigen Wegen die eigene Route zu strukturieren – was Leute schon unter den extremsten aller möglicher Zwänge getan haben. Nein, ich muss Sie daran erinnern, dass Stefano und ich mithilfe von Wildersons Arbeit auf »Die Phantasie im Laderaum« gekommen sind. Auch muss ich darauf aufmerksam machen, dass Wildersons Arbeit in vielerlei Hinsicht auf der Vorstellung basiert, dass die Erfahrung des Goldes im Schiff in der Mittelpassage – für sich und im Verhältnis zu einem ganzen Komplex schwarzer Erfahrung – kein Analogon hat. Was ich damit sagen möchte, hat aber nichts damit zu tun, diese Behauptung zu widerlegen oder zu bestätigen. Vielmehr betrifft die Frage in diesem Fall die Möglichkeit einer undercommon Bewohnung der Staatenlosigkeit, bei der Wilderson uns wiederum auffordert, diese weniger als Wahl oder sogar als Einwilligung zu betrachten, sondern als ein bis dahin unvorstellbar gewesenes Begehren auf das Dableiben. Kann man in der

Staatenlosigkeit bleiben? Ich glaube, diese Routen, die Sie zu strukturieren begannen, gründeten auf dem, was es bedeuten würde, Undokumentierbarkeit anzunehmen, statt zu abzulehnen – wissen Sie, gar nicht zu versuchen, den Bereich der Dokumentierbarkeit auf diese Weise zu betreten. Und hier würde die Illegalität sich dem annähern oder mit dem in Verbindung treten, das unter die Rubrik der Kriminalität fällt, aber es handelt sich dabei um diese Art von Kriminalität, die sich letztlich gar nicht so sehr gegen das Gesetz richtet, sondern gegen die Möglichkeitsbedingungen des Gesetzes, bei der es um den permanenten sozialen Prozess geht, Gesetze zu schaffen.

Es gibt da diesen großartigen Juraprofessor, der Ende der 1970er, Anfang der 1980er aktiv war, Robert Cover. Er ist sehr jung gestorben, aber er hat eine Menge interessanter Sachen geschrieben. Darunter ist dieser Essay, »Nomos and Narrative«[25], eine Rückschau auf die Urteile des Supreme Court aus dem Jahr 1982. Darin sagt er etwas, dass mich die letzten Jahre über verfolgt hat. Er sagt, der Staat und die Gerichtshöfe seien gar nicht in erster Linie daran interessiert, Gesetzesbrüche zu regeln. Was sie wirklich beschäftige, sind die Mechanismen, die es ermöglichen, jene Befugnis, Gesetze zu erlassen, zu oligarchisieren. Sie möchten diese Befugnis regulieren und sie nur wenigen Leuten übertragen.[26] Wenn er also

---

25 Robert M. Cover (1983-1984), S. 4-68.

26 »Es ist bemerkenswert, dass Zusammensetzung und Legitimation eines Gerichts in Mythos und Geschichte selten als Prozesse aufge-

über Gesetzgebung redet, dann höre ich ihn über eine permanente, täglich improvisierte Praxis der Entscheidung sprechen, die verhandelt, was wir tun werden und wie wir uns organisieren – »Nun, gestern haben wir das vielleicht nicht so gemacht, aber heute machen wir es anders.« Das waren die Regeln, die wir gestern für unsere Praxis aufgestellt haben, aber heute brechen wir diese Regeln im Sinne einer neuen Formulierung. Diejenigen, die an der Macht sind, wollen sicherstellen, dass nur wenige Leute in dieser Position sind, sich hier einzumischen: Jurispathische Institutionen zu erfinden, um im Namen des Gesetzes Jurisgenerativität zu regulieren. Sie können das nicht restlos abschaffen und denken sich auch verschiedene Wege aus, das auszunutzen, – aber für uns stellt all das eine Reihe von Möglichkeiten dar und wir haben tatsächlich wieder etwas, das wir untersuchen können, weil es die ganze Zeit passiert. Doch diese Augenblicke, in denen wir unsere eigenen Gesetze machen und Praktiken aufbauen, muss man wertschätzen, statt sich immer nur Sorgen darüber zu machen, wie wir dahin kommen, als wären wir nicht schon da, wo sie sind.

Ich unterrichte an der Universität, mittlerweile fast seit fünfundzwanzig Jahren. Schon vor langer Zeit habe ich

---

fasst werden, die selber dem Gesetz unterliegen. Vielmehr wird darunter die Notwendigkeit verstanden, das Gesetz zu unterdrücken, zwischen zwei oder mehr Gesetzen zu wählen, dem Gesetz eine Hierarchie aufzuzwingen. Die Vielfalt der Gesetze, die Fruchtbarkeit des rechtsgenerativen Prinzips, schaffen das Problem, für das das Gericht und der Staat die Lösung darstellen.« Robert M. Cover, ebd., S. 40.

realisiert, dass es eigentlich niemanden interessiert, was ich im Seminar mache. Für sie ist unsere Funktion primär administrativ. Das heißt, du lieferst den Studierenden das, wofür sie zahlen, nämlich eine Note. Darin besteht dein eigentlicher Job. Was du machst, was du liest: ihnen völlig egal. Deshalb können wir machen, was wir wollen. Aber ich kann kaum beschreiben, wie frustrierend es ist, in Fakultätssitzungen zu sitzen und den Kollegïnnen dabei zuzuhören, wie sie die ganze Zeit über die Verwaltungsangestellten und deren Meinungen reden. Wenn sie über die Institution sprechen, benutzen sie den *Pluralis Modestiae*. Dass ich damit nichts zu tun haben möchte, macht es noch deprimierender, diesen Scheiß aus meinem eigenen Mund herauskommen zu hören. Immerhin weiß ich, dass wir uns nicht auf diese Weise organisieren müssen. Sie prüfen ja nicht einmal nach. Sie beobachten uns nicht. Wir können lügen. Wir können ihnen alles erzählen. Und oft tun wir ja bereits, was Aufständische und Meuterer schon immer getan haben: stehlen und lügen. Nimm ihr Zeug, benutz ihren Scheiß, der gar nicht ihrer ist, schmuggel ihn raus und mach damit Sachen, und zwar so, wie wir eben Sachen machen wollen, so dass wir uns vorbereiten können, so dass wir etwas aufbauen können, dass wir zu verteidigen haben, so dass wir uns verteidigen können, wenn sie uns schließlich auf die Schliche kommen und hinter uns her sind. Wenn unser Bestreben, wie sie zu sein, alles ist, was wir zu verteidigen haben, dann bin ich bereit, aufzugeben. So will ich nicht sein. Ich möchte etwas anderes machen. Exklusion funktioniert durch Inkorporation. Das passierte so im Sklavenhandel. Das passierte so in der Geschichte der Ausbeutung von Frauen und auch im Kontext der Immigration. Komm hier und mach all das, was wir nicht machen wollen und dann hau wieder ab. Aber geh nicht. Du kannst nicht gehen. Das ist doch wahnsinnig.

Denken Sie daran, wie Malcolm sagte: »Ihr habt es mit einem Deppen zu tun.«[27] Es ist wirklich wichtig, das zu erkennen. Ja, er ist brutal und gewalttätig. Ja, er würde dich ohne Umstände töten, aber er ist auch blöde. Man sollte sich nicht vormachen, dass seine Blödheit bedeutet, er sei einfach zu besiegen. Ich bin es leid, Leute sagen zu hören, George W. Bush sei dumm, weil er der Welt in den Arsch getreten hat. Was bedeutet es also, zu sagen, er wäre dumm, wenn er der Welt in den Arsch tritt? Aber trotzdem ist es wichtig, die Blödheit zu erkennen, nicht um zu unterschätzen, was sie machen, sondern um zu sagen

---

[27] Ein Afrikaner kann heute hingehen, wo er will. Alles was ihr dafür tun müsst, ist euren Kopf einzuwickeln. Ihr habt richtig gehört: geht, wohin ihr wollt. Hört einfach auf damit, Neger zu sein. Nennt euch Hoogagagooba. Dann wird euch klar, was für ein Depp der weiße Mann ist. Ihr habt es mit einem Deppen zu tun. Ein wirklich dunkelhäutiger Freund von mir hat sich einen Turban aufgesetzt und ist in Atlanta in ein Restaurant gegangen, bevor es als desegregiert bezeichnet wurde. Er ging also in ein weißes Restaurant, setzte sich, sie bedienten ihn, und er fragte: »Was würde passieren, wenn hier ein Neger reinkäme?« Da sitzt er also, schwarz wie die Nacht, aber weil sein Kopf eingewickelt ist, blickt ihn die Kellnerin an und sagt: »Wieso, – kein Nigger würde sich trauen, hier reinzukommen.« Malcolm X (1990), S. 36.

»So will ich nicht sein.« In meinem Seminar an der *UCR* sind weiße Studierende in der Minderheit. Und sowohl für sie, als auch für die Studierenden, die die alt-neue Mehrheit darstellen, gibt es einen Grad an Militanz, der dem entspricht, was meine Kollegïnnen, auf eine – wie ich finde – gute, kluge Weise unterrichtet haben. Ich hasse das Wort »Privileg«. Und das andere Wort, dass ich beinahe genauso sehr hasse, ist »Prekariat«. Aber trotzdem sind das Sachen, die man an der *UC Riverside* schnell mal gesagt bekommt und man wird von den Studierenden auch mit Althusser konfrontiert. Etwa so: Du solltest mal deine Privilegien checken, weil du das Verhältnis von Unter- und Überordnung nicht verstehst. Ich hatte eine Studentin. Sie hieß Aletheia, was wörtlich »Wahrheit« bedeutet. Und dann gab es da diese weiße Studentin, die ihr Bestes gab, ihre Privilegien vermittels einer Erzählung abzuchecken, die belegte, dass sie keine hatte.

Sie erzählte uns: Also ich war auf Arbeit, da kam so ein alter weißer Mann rein und bestellte zwei Tacos. Der Typ der an der Taco-Station arbeitete, war Inder. Er fing an, die Tacos zu machen. Der alte Typ sagt: »Halt, ich will nicht, dass der meine Tacos macht. Ich will nicht, dass irgendein Dunkelhäutiger meine Tacos macht.« Daher die Formulierung: ein Depp. Was glaubst du denn, wo Tacos herkommen? Du bist wohl wahnsinnig? Die Studentin sagte sich, okay. In diesem Moment fühlte sie sich von einem bestimmten Gesetz bestärkt. Das Gesetz lautet: Wir haben das Recht, jedem unseren Service zu verweigern. Deshalb sagte sie: »Er ist aber jetzt nun mal an der Taco-Station. Ich kann dir dein Geld zurückgeben und du gehst, oder du kannst halt die Tacos haben, die er gemacht hat.« Dann kommt der Manager rein und nimmt den Typen von der Station und stellt statt ihm einen Weißen hin, um die Tacos zu machen.

Also das erste Problem an dieser Geschichte ist, was sie der Geschichte vorausschickte: »Ich bin weiß, Rassismus habe nie erlebt.« Nun, hast du doch, oder? Und so kam es dann: Plötzlich warf ihr eine Frau aus dem Seminar vor, sie habe eine Art Privileg ausgespielt, da sie ihren Kollegen nicht verteidigte. Und dann antwortete die Erstere: »Ich habe ihn nicht verteidigt, weil ich auf meinen Job angewiesen bin.« »Wie viele von euch arbeiten?«, fragte ich. Alle hoben ihre Hände. An der *Duke University*, wo ich auch gelehrt habe, hätte so ein Gespräch nie zustande kommen können. Der Punkt in der Analyse des Rassismus, an dem wir einsteigen mussten, war nicht die Analyse dessen, was diesem Typen passiert ist. Wir mussten bis zur »Proposition 13« und der Rassifizierung der Steuerpolitik in Kalifornien zurückgehen, um zu erklären, wie es kommt, dass man an diesem Ort, an dem man früher 450$ pro Semester gezahlt hat, um zu studieren, jetzt 14.000$ im Jahr bezahlen muss, was heißt, dass quasi all meine Studierenden hier am Campus der *University of California* – die Universität mit den meisten Studierenden, deren Eltern nicht studiert haben, und dem geringsten Pro-Kopf-Familieneinkommen – arbeiten. Das wirft einen ganzen Haufen anderer Fragen auf – darüber, was wir im Seminarraum machen können, womit wir uns befassen könnten und wie wir uns organisieren können und müssen – weil ich all diese Studierenden habe, die 30 Stunden die Woche arbeiten und ihr Leben dabei im Prinzip nach den Hausarbeiten ausrichten. Einerseits könnte man sagen, dass damit die Möglichkeit, eine eigene intellektuelle Praxis für sich zu bilden, ausgeschlossen wird. Andererseits möchte man die intellektuellen Praktiken studieren, die sie – in ihrer und aus ihrer Erschöpfung heraus – für sich formen. Die Universität basiert auf dem Zuwachs von Hausarbeiten für überarbeitete Studentïnnen, weil es die Verwaltung leichter macht, und was dabei verwaltet wird, ist nicht nur ein ökonomisches Regime innerhalb der Universität, sondern auch die Produktion gefügiger Arbeiterïnnen. Manchmal sind sie so überarbeitet, dass alles, was sie noch machen können, das ist, was man ihnen zu tun aufträgt. Im Grunde sagen sie: »Bitte sagen Sie uns, was wir machen sollen.« Und ich sage: »Nein, lasst uns herausfinden, was wir machen wollen.« Aber sogar das ist gemein, weil sie gar keine Zeit dafür haben, herauszufinden, was sie machen wollen. Sie sagen dann: »Wir wissen, dass es alles verkorkst ist, aber wir haben dafür keine Zeit.« Darauf habe ich dann keine Antwort mehr. Aber ich fange an, zu glauben, dass sie vielleicht eine haben. Ich weiß nicht genau, was wir machen werden, aber wir müssen etwas anderes hinkriegen. Und ich glaube, ich mag meine Studierenden so viel mehr, weil sie arbeiten; was also, wenn die Antwort nichts mit einer Umverteilung, so dass sie nicht mehr arbeiten müssten, zu tun hat, weil dadurch im Gegenzug etwas produziert würde, was auch ein intellektuelles Defizit darstellen könnte? Was, wenn es wichtig ist, dass sie arbeiten, weil das ihr Denken auf wirklich interessante und tiefgründige Weise strukturiert? Dann wäre die Frage: Wie organisieren wir uns angesichts dieser Zwänge, um die Mechanismen auszuhebeln, von denen sie produziert werden? Manchmal sind wir so schnell dabei, zu versuchen, diese Zwänge im Sinne einer Inklusion zu eliminieren – da Zwänge unfair sind und es nicht sein sollten – dass wir uns dem Mechanismus unterordnen. Sie sollten nicht arbeiten müssen. Aber die Tatsache, dass sie arbeiten, eröffnet eine Reihe an Möglichkeiten, die es nicht gäbe, wenn sie nicht arbeiten würden. Somit ist die eigentliche Frage diese: Was sollte unsere Praxis sein? Was eine ganz andere Frage ist, als »Was wollen die Dekane?« Wir arbeiten also dran. Es wird schon klappen. Ich bin kein Optimist, aber da bin ich optimistisch.

Frage 6

Was war das für ein Seminar?

FM: Oh das war *Afro-American Literature Through the Harlem Renaissance.* Im Grunde ist es nicht möglich, über diese Dinge zu reden, wenn man Phillis Wheatley und

Harriet Jacobs liest. Ich bin wirklich kein Fan von *12 Years a Slave*. Ich habe kein persönliches Problem mit Lupita Nyong'o, aber vorher waren mir Kleider relativ egal und ich sehe nicht, warum sie mir jetzt plötzlich wichtig sein sollten. Der Film versucht über weite Strecken krampfhaft in seinem Publikum – was, glaube ich, vor allem ein weißes Publikum sein soll – ein Gefühl wie »Oh, er ist ja genau wie ich!« hervorzurufen. Wohingegen das Buch einem eigentlich auf komplexe Weise die intensive Erfahrung der Aussage »Mann, ich bin genau wie er« zu vermitteln versucht. Diese andere, diese gegensätzliche Identifikation, ist wirklich wichtig und das ist es auch, was diese Literatur permanent leistet, so dass es uns unmöglich wird, nicht an die Erfahrungen der Studentïnnen zu denken, während wir sowas lesen. Ich hatte eine Studentïn, die mir im Grunde sagte: »Sie sind doch auch nur ein Sklavenhalter. Ihre Position als Professor ist dazu analog.« Darauf ich: »Nein, nein ist sie nicht.« Und sie: »Doch, ist sie.« Und ich: »Ja, ist sie.« Wir haben also all dieses Zeug, an dem wir arbeiten müssen. Vielen Dank.

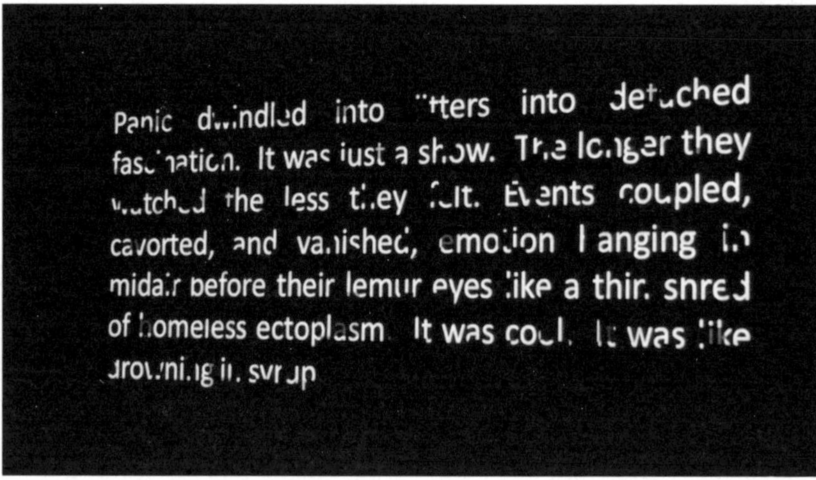

Harold Mendez, *A blurred and generalized projection of you and me*, 2013

NIEMAND, ALLE
BETEN, VORBEREITEN, REPARIEREN
[NOBODY, EVERYBODY – PRAYER, PREPARE, REPAIR]

(MIT HAROLD MENDEZ)

Was, wenn wir Reparatur nicht nur von Restaurierung lösen könnten, sondern von der Vorstellung des Originals selbst? So, dass Reparatur nicht Vorrang hat, sondern vorher kommt. Dann wären Machen und Reparieren untrennbar, einander treu ergeben, in der Schwebe zwischen Flicken und Kante. Aus dem Nichts schafft Harold Mendez Veränderung: Fleisch, aus der Abwesenheit. Seine Arbeit, die mehr + weniger als das ist, mehr + weniger als seine, ruft uns zu dieser Schwebe, zum Ruhen als allgemeiner Praxis kontemplativer Raserei, als allgemeiner Weide der vorbereitenden Geste, als allgemeiner Bewegung des Prä. Sein diktaphonisches Streicheln der Dinge ist in dieser Hinsicht, wie Francis Ponge, kälter als die Absolute Null, mehr + weniger als das, mehr + weniger als seins, ist analyrische Lysis – die Objektträger und Querschnitte, das brennende Leben von eintausend Schnitten, das absolute (Aus-)Sehen auslotend; wie Terry Adkins rezitiert er, wenn er installiert, und das Durchqueren ist unsere Audition und unsere Probe, mehr + weniger als das, mehr + weniger als das unsere. Aus, in und von euren Worten, die nicht die euren sind, müsst ihr, genau im Jetzt, das immer vor uns liegt, mir nachsprechen, was ich ihm nachspreche, was ihr die ganze Zeit über gesagt haben müsstet, wo ihr schon hier seid: Die Arbeit ist im Gebet, wir sind im Gebet bei der Arbeit, daraufhin rufen wir die Arbeit zum Gebet. Für das Ruhen der allgemeinen Praxis des Ruhens zu beten, ist eine unterkonzeptuelle Drehung von der Kunstgeschichte weg, um den Weg zurück an den Grund dieser Geschichte einzuschlagen, unter diesen Grund, unter ihre Haut, während sich die Oberfläche entgratet, spielend, ihre unermessliche Tiefe spürend, Haut unter sich selbst, alles darunter, was tief ist, was der aufgehende Tiefpunkt ist, wo der propositionale Inhalt der Präposition nichts als Lärm ist, Herold des Flickens und der Kante, Oberfläche überall und nirgendwo, Franse, Fusion, Saum, Umriss, Pore, Drang, Schacht, Brandung. Das ist, wer wir sind und wo wir sind, wenn wir die anoriginale Reparatur beten.

Was wenn wir dieses Warten als Siegel und Verzögerung vorbereiten könnten? Erlebnisse und Haltung von Fleischarbeit vervielfachen die Drehung. Schaut man näher drauf, durch die Festkörper hindurch, einen gegeben und als einige genommen, nah genug, dass die Arithmetik des Definitiven und Nicht-Definitiven zu transfiniten Hautdiamanten explodieren kann, dann ist da einiges in Arbeit. Dann fixed, repariert, festigt sich etwas, das unfixed, unrepariert, ungefestigt ist, um zu geschehen, und es erscheint ein Abbild von etwas, das sich dafür bereit macht, stattzufinden. Ein spurenhaftes Bild des Ereignisses des Stoffes. Etwas, das sich dafür bereit macht, hier aus dem

Nichts gemacht zu werden. Eine Fabrikation des Wartens auf das gesegnete Ereignis. Die Vorbereitung strahlt gebannt, das degenerative und regenerative Sehen und Hören von Dingen, *de re*, die reale, unruhige Kante. Der Versuch, die Kantenbearbeitung vorzubereiten, anaprä-positionale Oberflächenarbeit, Unterkonzept und Anechologie der Erdarbeit, damit wir beten können. In dieses abgestrahlte Gewebe von Sackleinen als Gebetstuch gewickelt, versuchend, die Kälte vorzubereiten, das innere und äußere Gefrieren, das das gebetsvolle Schauen animiert – langsam, wie Traumarbeit. So nah. Wir sind so nah dran an dem, wo wir stehen. Die nahe Kante, sagt er. Wie können wir Wiedergutmachung leisten? Der Klang des Aufrufs zum Gebet ist zerfranst. Schaut genau durch diese Solidität, die gegen niemanden gerüstet ist. Die Beherrschung dieser Kälte zu zeigen, bedeutet kaltes Feuer. Wäre Blindheit der Preis des Schauens, so hätte ich geschaut, sagt er. Alle sind dort, niemand ist dort, sie besetzen, wir sind besetzt vom Kampf, mit unverfügbaren Erholungsorten, das zivile Gemetzel seiner Messer und texturierter Sequestration, wo die Mauern Spuren hinterlassen und die Türen nur Erinnerungen von Türen sind, denn schau, wie weit im Außen wir im Innern sind. In Träumen, sagt er, schaue ich ganz genau durch diese Festigkeit, durch welche sie durch uns schauen. Oberfläche ist tief, sagt er. Fläche ist dick und rau. Gewisse Fakten (Schwarzsein; seine verschieden gelebten Erfahrungen; seine allgemeine (Zer-)Streuung; die epidermalen und vestibulären Falten, Schleier, Juwelen, Leichentücher; unsere haptischen Hingaben, die rissigen Kapellen; die allgemeine Kirche; das schöne Konzert; der schreckliche Gefährte, die goldenen, brutalen Variationen) tragen das in sich. Ertragen das. Erfüllen das, auf unsachgemäße Weise, sagt er. Wir, die wir nicht warten können, warten noch auf das fortwährende Aufkommen der Textur. Wir, die wir Nichts sind, wir, die wir niemanden haben, wir können nicht erwarten/abwarten, dass ihr lernt, darauf zu warten. Wir, die wir Nichts haben, haben das in Reserve. Wir sind im Dienst. Wir können die Reparatur dieser Ungeduld erwarten/abwarten. Alles ist vorbei, alles ist besetzt, sagt er. Unser Blick ist kalt, so kalt, dass er cool ist und ohne Urteil. So kalt, dass er brennt und nicht besessen werden kann. Das Schauen entsiegelt und bricht alle Bindungen, kein Wort ist gebunden, wir sind alle so nah, wir sind alle wirklich dort, außerhalb unserer Gerichtsbarkeit, in der Arbeit und *out of phase*, auf dem Rand, ausbessernd, in Deposition, in Ruhe, in Vorbereitung, in Reparatur, der luftige Grund, den er weiter bearbeitet: an, aus, rein, raus, über, unter, durch, yeah.

LITERATUR

Agamben, Giorgio (2012), *Poiesis und Praxis*, Berlin.

Arendt, Hannah (2011), *Vita Activa oder Vom tätigen Leben*, München.

Bhabha, Homi K (2004), »Framing Fanon«, in: Ders., *The Wretched of the Earth*, New York, NY, S. vii-xli.

Brown, Bill (2001), »Thing Theory«, in: *Critical Inquiry* 1, S. 1-22.

– Hrsg. (2004), *Things*, Chicago, IL.

– (2016), *Other Things*, Chicago, IL.

Butler, Judith (2007), »›Das Gewissen macht Subjekte aus uns allen.‹ Subjektivation nach Althusser«, in: Dies., *Psyche der Macht. Das Subjekt der Unterwerfung*, Berlin, S. 101-124.

Carter, Robert E. (1998), *The Nothingness Beyond God: An Introduction to the Philosophy of Nishida Kitaro*, St. Paul, MI.

– (2013), *The Kyoto School: An Introduction*, Albany NY.

Chandler, Nahum Dimitri (2013), *X – The Problem of the Negro as a Problem for Thought*, New York, NY.

Cover, Robert M. (1983-1984), »The Supreme Court 1982 Term – Foreword: *Nomos* and Narrative«, in: *Harvard Law Review* Vol. 97:4, S. 4-68.

Eckhart, Meister (2008), *Werke I*, hg. von Niklaus Largier, Frankfurt am Main.

Fanon, Frantz (2015), *Schwarze Haut, weiße Masken*, Wien.

Ferreira da Silva, Denise (2007), *Toward a Global Idea of Race*, Minneapolis, MN.

– (2009), »No-Bodies: Law, Raciality and Violence«, In: Griffith Law Review 18, S. 212-236.

Harman, Graham (2002), *Tool-Being: Heidegger and the Metaphysics of Objects*, Peru, IL.

Harney, Stefano und Fred Moten (2016), *Die Undercommons. Flüchtige Planung und schwarzes Studium*, Wien.

Harris, Laura (2012), »What Happened to the Motley Crew? CLR James, Hélio Oiticica, and the Aesthetic Sociality of Blackness«, in: *Social Text* 30.3, S. 49-75.

Heidegger, Martin (2000), »Das Ding«, in: Ders., *Vorträge und Aufsätze. Martin Heidegger Gesamtausgabe Band 7. 1. Abteilung: Veröffentlichte Schriften 1910-1976*, Frankfurt am Main, S. 165-188.

Heidegger, Martin (2006), *Sein und Zeit*, Tübingen.

Judy, Ronald (Im Erscheinen), *Thinking in Disorder: Essay of Poetic Socialities in Radical Humanism*, New York, NY.

Kant, Immanuel (1998), *Kritik der reinen Vernunft*, Hamburg.

Kazuaki, Tanahashi und Peter Levitt, Hg. (2013), *The Essential Dogen: Writings of the Great Zen Master*, Boston, MA.

Latour, Bruno (2014), *Der Berliner Schlüssel*, Berlin.

Marx, Karl (1987), *Das Kapital. Kritik der Politischen Ökonomie.* Erster Band, MEGA II/3, Berlin.

Meillassoux, Quentin (2008), *Nach der Endlichkeit*, Zürich, Berlin.

Mendez, Harold (2011), *Texts for Nothing. Future Plan und Program.*

Miller, David (2005), *Materiality (Politics, History, and Culture)*, Durham, NC.

Morton, Timothy (2012), *The Ecological Thought*, Harvard, MA.

Moten, Fred (2003), *In the Break: The Aesthetics of the Black Radical Tradition*, Minneapolis, MN.

– (2008), »Rock the Party, Fuck the Smackdown«, in: Ders., *Hughson's Tavern*, Providence, RI.

Nishida, Kitaro (1993), *Über das Gute: eine Philosophie der reinen Erfahrung*, Frankfurt am Main.

– (1999), »Ortlogik und religiöse Weltanschauung«, in: Ders., *Logik des Ortes: der Anfang der modernen Philosophie in Japan*, Darmstadt.

Prakazrel, »Pras« Michel und kris ex kris (1999), *Ghetto Supastar*, New York, NY.

Sartre, Jean-Paul (1991), *Das Sein und das Nichts: Versuch einer phänomenologischen Ontologie*, Reinbek.

Spillers, Hortense J. (2003), *Black, White, and in Color: Essays on American Literature and Culture*, Chicago, IL.

Suzuki, Daisetz T. (1980), *The Awakening of Zen*, Boston, MA.

Tamen, Miguel (2004), *Friends of Interpretable Objects*, Harvard, MA.

Ueda, Shizutero (2004), »Nothingness in Meister Eckhart and Zen Buddhism«, in: Frederick Franck (Hg.), *The Buddha Eye: An Anthology of the Kyoto School and its Contemporaries*, Bloomington, IN, S. 157-70.

Wilderson III, Frank B. (2003), »Gramsci's Black Marx: Whither the Slave in Civil Society?«, in: *Social Identities* 9.2, S. 225-240.

– (2008), *Incognegro. A Memoir of Exile & Apartheid*, Cambridge, MA.

– (2010), *Red, White, & Black: Cinema and the Structures of U.S. Antagonisms*, Durham, NC.

X, Malcolm (1990), »The Ballot or the Bullet«, in: Ders., *Malcolm X Speaks: Selected Speeches and Statements*, New York, NY.